KB071753

1시간에 1권
퀀텀 독서법

1시간에 1권

퀀텀 독서법

김병완 지음

3주면 된다!

하루 30분

한 그루의 나무가 모여 푸른 숲을 이루듯이
청림의 책들은 삶을 풍요롭게 합니다.

전 세계가 주목할 첫 번째 K-독서법

나는 평범한 직장인이었다. 삼성전자에서 휴대폰 연구원으로 11년 동안 직장생활을 했지만, 회사에 사표를 내고 40대 백수, 무직자가 된다. 그리고 3년 후, 2013년부터 지금까지 10년 동안 전혀 다른 인생을 살고 있다. 평범한 직장인이었던 내가, 심지어 40대 백수였던 내가, 지금 살고 있는 전혀 다른 인생이란 어떤 인생일까?

바로 독서법, 책 쓰기를 가르치는 코치, 더불어 10년 동안 100권의 책을 출간한 작가의 인생이다. 평범한 직장인이 아니, 40대 백수가 어떻게 독서법과 책 쓰기를 가르칠 수 있는 코치로, 10년이라는 짧은 시간에 100권의 책을 출간한 베스트셀러 작가로 이렇게 다른 인생을 살 수 있었을까?

비결은 3년 1만 권, 1,000일 독서 경험이었다. 퇴사를 한 뒤 3년 동안 취업도 하지 않고 매일 도서관에 갔다. 종일 책상에 앉아서 책을 읽고 또 읽었다. 그렇게 1,000일이 지났다.

3년 1만 권, 1,000일 독서를 하고 내 인생은 크게 세 가지가 변했다. 첫 번째 인생 변화는 40대 백수가 10년 동안 100권의 책을 출간한 베스트셀러 작가가 된 것이다. 대한민국에서 10년 동안 100권의 책을 출간한 작가는 많지 않다. 두 번째 인생 변화는 독서를 싫어했던 사람이 대한민국에서 유일한 독서법을 창안하고, 대한민국 국민 5,000명에게 직접 독서법을 가르친 독서법 코치, 독서법 전문가가 된 것이다. 그리고 세 번째 인생 변화는 평범한 사람 500명이나 작가의 꿈을 이루게 해준 책 쓰기 코치가 된 것이다.

내 인생에서 가장 눈부신 시기는 그 1,000일 독서 기간이었다. 그 시간이 없었다면 무직자로 힘든 인생에서 벗어나지 못했을 것이다. 내게 가장 값진 인생 경험이었던 그 기간을 통해 내가 배운 한 가지 교훈이 있다.

그것은 '독서법도 자전거 타기처럼 배워야 한다'는 사실이다. 인생을 바꾸는 것은 얼마나 많은 양의 독서를 하느냐가 아니라, 어떻게 독서를 하느냐 하는 것이기 때문이다.

내 인생을 바꾼 것은 정확히 이야기하자면, 1,000일 독서 경험도, 1만 권이라는 방대한 독서량도 아니다. 내 인생을 바꾼 것은 따로 있다. 그것은 바로 강력하고 효과적인 독서의 기술, 독서법이다. 나는 아무도 관심을 가지지 않는 독서법에 관심을 갖고 공부하기 시작했다. 그래서 결국 독서법을 창안하여 가르치는 독서법 전문가, 독서법 코치가 될 수 있었던 것이다.

많은 사람이 독서법을 너무 가볍게 생각한다. 독서법의 중요성을 정확히 알고 있는 사람들은 많지 않다. 그저 독서를 하면 된다고 쉽게 생각한다. 여러분들은 어떤가? 인생을 바꿀 만큼 강력한 독서법을 배운 적이 있는가? 강력한 독서법을 제대로 경험한 적이 있는가?

세상에 공짜는 없다. 저절로 쉽게 되는 것은 하나도 없다. 독서도 마찬가지다. 마음을 다잡고 도서관에 가서 독서를 한다고 해도, 그 독서가 제대로 된 독서가 아니라면 시간 낭비에 불과하다. 강력한 독서법을 발견하고 배워 익혀서 내 것으로 만들어야 독서를 제대로 할 수 있다. 그리고 독서를 제대로 해야 비로소 인생이 바뀌고, 성장할 수 있다.

서울에서 부산까지 가장 빨리 가는 방법은 비행기를 타는 것이다. 독서법도 마찬가지다. 왜 부산까지 걸어서 가려고 하는가? 이제 걷는 독서에서 뛰는 독서, 하늘을 나는 독서로 바꿔야 한다. 여러분의 인생이 하늘을 마음껏 날도록 돕는 그런 독서를 하라. 독서를 했다면 성장해야 하고, 꿈을 펼쳐야 하고, 인생을 바꿀 수 있어야 한다.

한국인들의 평균 독서력은 얼마일까? 평균 독서력을 알기 위해서는 최소한의 표본집단이 필요하다. 즉 최소한 국민 5,000명에 대한 독서력을 실제로 측정해야만 국민들의 평균 독서력을 알 수 있다. 그렇다면 국민들의 독서력을 실제로 측정한 곳은 어디일까? 국립중앙도서관? 문화체육관광부? 교육부? 정답은 없다. 정부는 안타깝게도 국민의 독서력에 관심이 없는 듯하다. 대한민국 국민 평균 독서력과 독서 가이드라인을 제시할 수 있는 정부 기관은 지금 현재 단 한 군데도 없다. 이것이 한국의 독서 실태이다. 냉정하게 말해 대한민국 정부는 국민의 독서력에 대해 전혀 모르고 있다.

그러나 혹시 민간 기관 중에 정부의 어떤 지원이나 도움 없이 대한민국 국민 5,000여 명의 독서력을 실제로 측정한 곳이 있을까? 그래서 한국인들의 평균 독서력과 독서에 관한 가이드라인을 정확히 제시할 수 있는 기관이 과연 있을까? 딱 한 군데 있다. 바로 내가 운영하고 있는 책 쓰기·독서법 학교인 김병완칼리지이다.

한국인들의 평균 독서력과 독서 가이드라인을 함께 보자.

대한민국 국민의 평균 독서력은 500~900CPM이다. CPM은 분당 글자 수로 한국인들은 평균 1분에 500에서 900자를 읽을 수 있다. 이 속도는 250페이지 일반 단행본을 실제로 읽었을 때 산술적으로 5시간 이상이 걸리는 속도다. 실제로는 더 많이 걸린다고 보면 된다. 그렇다면 한국인들의 독서 수준은 다른 나라 국민과 비교하면 어느 정도일까? 이웃 나라인 일본과 중국 그리고 미국과 비교했을 때 어느 정도일까?

독서 능력 순으로 말하면 미국, 일본, 중국, 한국 순이다. 한국이 꼴찌다. 왜 한국인들의 독서 실력이 꼴찌일까?

한국인들의 독서 스타일은 아마추어와 비슷하기 때문이다. 만약 탁구 선수를 3년간 한 이와 30년 동안 탁구를 친 탁구 동호회 회장이 탁구 시합을 하면 누가 이길까? 결과는 놀라울 것이다. 30년 내공의 회장님은 제대로 된 시합을 할 수 없기 때문이다. 3년에 불과하지만 선수 출신은 아마추어가 절대 이길 수 없다. 실력 차이가 아주 크다.

바로 이것이다. 수많은 국민이 독서를 이렇게 평생 아마추어 동호회 회장처럼 그냥 할 뿐이라는 것이다. 어떤 체계적인 훈련이나 연습도 하지 않고 제대로 된 독서 방법도 배우지 않고, 그냥 아마추어처럼 자신의 스타일대로, 제멋대로, 평생 독서를 하고 있다는 점이다. 선수처럼 체계적인 훈련과 연습을 받지 않고 무작정 그냥 읽기 때문에 30년 독서 내공에도 실제 독서 실력은 매우 낮을 수밖에 없다. 결과적으로 독서의 수준, 독서의 내공이 높다고 할 수 없는 것이 현실이다. 그렇다면 어떻게 해야 할까? 평범한 사람이 어떻게 하면 독서를 즐기면서 잘할 수 있을까?

방법은 있다. 수영이나 스키처럼 전문가에게 독서법을 제대로 배우는 것이다. 정확히 배워야 독서를 즐길 수 있고 독서로 인생을 바꿀 수 있다.

획일화된 독서 방법에서 벗어난 최초의 독서법

지금까지 우리 인류는 눈, 즉 시각에만 의존하는 획일화되고 비효율적인 방법으로 독서를 해왔다. 이 독서 방법에 지금까지 누구도 이의를 제기하지 않았으나, 퀀텀 독서법은 최초로 이의를 제기한다.

우리 인간은 다중감각적으로 정보를 인식할 수 있도록 설계되었다. 퀀텀 독서법은 시각에 의존하는 기존의 획일화된 독서 방법에서 벗어나 공간 지각 능력을 추가하여 다중감각적으로 독서를 할 수 있게 해주는 독서 기술이다.

시각에 공간 지각 능력을 추가하면 1+1=2가 아닌 그 이상의 차원이 다른, 입체적 독서가 가능하다. 2차 평면, 가로와 세로에 높이 하나만 더 추가하면 완전히 다른 차원의 3차 입체가 되는 것과 같다. 그러나 다중감각적, 입체적 독서는 퀀텀 독서법의 일부에 불과하다. 감각적 사고와 공간 인식을 통합적으로 특히 무의식적으로 처리하고 담당하는 우뇌도 퀀텀 독서법의 다양한 시공간 자극 훈련과 스킬, 초공간 훈련과 스킬, 우뇌 활성화 훈련과 스킬 등을 통해 활성화할 수 있다.

따라서 퀀텀 독서법은 다중감각적 읽기와 우뇌 활성화 읽기를 통한 통합적, 입체적 읽기를 가능하게 해준다. 그래서 단 2~3주 만에 독서력이 최소 3배에서 5배 이상 퀀텀 점프하게 하는 신기술이다. 또한 시각, 눈에만 의존하는 기존의 획일화된 독서 방법에서 벗어난 최초의 독서법이다. 지금껏 존재했던 수많은 독서법이 획일화된 방법에서 벗어나지 못하고 단지 좀 더 빨리, 좀 더 많이 읽게 해주는 수준에 머물고 있다. 그러나 퀀텀 독서법은 완전히 다르다. 기존의 방법에서 과감히 벗어나 공간 지각 활성화를 통한 다중감각적, 통합적, 입체적 책읽기 방식이며 여기에 우뇌 활성화를 통해 주변시야 읽기, 전체 통으로 읽기, 대각선 읽기, 원 페이지 읽기 등 무의식 독서를 3주 만에 할 수 있게 해주는 혁신적인 독서법이다. 한 가지 분명한 사실은 퀀텀 독서법이 이론에만 치우쳐 적용이 어려운 그림의 떡 같은 무용지물 독서법이 절대 아니라는 사실이다. 실제로 10년 동안 5,000명이 수업료를 내고 배운 실전 위주의 유일무이한 독서법이다.

《1시간에 1권 퀀텀 독서법》 책이 출간되기 5년 전부터 책이 출간된 후 5년, 지금까지 총 10년 동안 한국에서 국민들이 참여하고, 멈추지 않고 계속 배운, 한국인이 창안한 유일한 독서법이다. 더 중요한 사실은 그 어떤 선진국에서도, 그 어떤 나라에서도 퀀텀 독서법과 비슷한 독서법은 찾아 볼 수 없을 정도로 독창적인 독서법이 여기, 한국에만 있다는 사실이다.

세상은 정확하다. 만약 독서법 수업의 성과가 없거나 이것이 그리 강력한 독서법이 아니라면, 절대 수업이 10년 동안이나 계속될 수 없다. 지난 3년 동안 코로나 팬데믹 속에서도 퀀텀 독서법 수업은 집합 금지기간을 제외하면 단 한 번도 멈추지 않고 계속되었다. 부산, 여수, 제주도를 넘어 심지어 캐나다, 미국, 중국, 인도네시아까지 입소문이나 강연장을 채웠다. 퀀텀 독서법은 효과가 이미 검증된 실전 위주의 독서법이다. 이미 10년 동안 5,000명이 참여했다는 사실은 또 다른 하나의 사회적·객관적 증거가 된다.

인터넷상에서 《1시간에 1권 퀀텀 독서법》을 믿을 수 없는 가짜라고 말하는 사람들이 있지만, 이들 중 대부분은 퀀텀 독서법을 제대로 배우거나 수업에 참여했던 사람이 아니다. 제대로 배워보지도 않은 사람이 하는 말은 마치 서울에 가보지 않은 사람이 서울은 어떤 곳이라고 말하는 것과 같다. 혼자서 책만 보고 독학을 하면, 제대로 배우기가 힘들고 성과를 내는 것은 더욱 힘들다는 사실을 잊어서는 안 된다. 그렇다고 막연히 자신의 경험이나 지식을 토대로 한 시간에 한 권 읽기는 불가능하다고, 거짓말이라고 쉽게 속단하는 것은 성급한 판단이다. 피아노나 태권도도 혼자서 교본만 보고 독학하면 제대로 배울 수 없는 것과 같다.

그러나 아무도 부인할 수 없는 사실이 있다. 퀀텀 독서법 수업에 참여하는 수강생 중에는 단 2~3주 만에, 한 시간에 한 권 읽기가 되는 사람들이 80~90퍼센트라는 사실이다. 세상에 100퍼센트는 없다. 실제로 80~90퍼센트의 수강생이 2~3주 만에 한 시간에 한 권 읽기가 되는데, 이보다 더한 증거가 어디 있겠는가. 자신이 성과가 없는 10~20퍼센트에 속한다고 해서 퀀텀 독서법이 효과가 없는 가짜라고 말할 수는 없다. 효과를 본 수강생들이 분명 존재하기 때문이다.

물론 퀀텀 독서법을 단 하나의 만병통치약 같은 독서법이라고 말할 생각은 없다. 퀀텀 독서법은 다독술이다. 다독술을 위한 효과적이며 독창적인 독서 기술인 것은 분명한 사실이나, 양의 독서, 다독에 좋은 퀀텀 독서법이 있는 것처럼, 질의 독서, 깊이를 위한 독서법인 초서 독서법도 존재한다. 그 외에 또 다른 효과적인 독서법, 독서의 기술이 이 세상 어딘가에 존재할 수도 있다. 만약 이보다 더 효과적이고 강력한 독서법이 있다면 당연히 우리는 그것을 찾아야 하고 배워야 한다. 독서의 기술과 독서의 수준은 단순한 취미 생활을 좀 더 잘 하고 즐기는 것에 그치지 않고, 곧 인생의 수준과 인생 내공을 결정짓기 때문이다.

그러나 나는 지금까지 그 어떤 나라에서도 퀀텀 독서법과 비슷한 독서의 기술은 찾을 수 없었다. 우리가 주목해야 하는 사실은 퀀텀 독서법의 성과다. 이렇게 단기간에 놀라운 성과를 만들어내는 독서법 수업은 감히 없다고 자신할 수 있다.

한 페이지를 한 번에 읽고 이해하는 사람들을 나는 원 페이지 리더라고 부르는데, 원 페이지 리더가 실제로 배출되는 독서법은 아마도 전 세계에서 퀀텀 독서법이 유일할 것이다. 원 페이지를 한 번에 읽고 이해하는 원 페이지 리더들, 독서의 신들이 최소 수십 명부터 최대 수백 명까지 실존하는 나라는 전 세계에서 유일하게 대한민국뿐이다. 퀀텀 독서법 수업이 한국에서만 지난 10년 동안 계속되었기 때문이다. 나이가 70대인데도 원 페이지를 넘어 양 페이지 리더가 된 사람도 실제로 존재한다. 네이버 카페 김병완칼리지(http://cafe.naver.com/collegeofkim) 혹은 유튜브 김병완TV에서 1년 365일 언제든지 확인할 수 있다.

독서를 제대로 하는 독서 실력자가 그리 많지 않다. 이는 전 세계적으로 비슷하다. 그래서 가장 시급한 것이 제대로 독서를 즐길 수 있게 해주는 효과적인 독서법을 찾아서 체계적으로 배우고 익히는 것이다.

내 인생을 바꾼 것은 1만 권의 독서도, 1,000일 독서 경험도 아니었다. 내 인생을 바꾼 것은 독서법이었다. 독서법은 독서의 수준을 결정짓기 때문에 중요하며, 독서의 수준과 독서 내공은 곧바로 인생의 수준과 인생 내공을 결정한다. 독자 여러분도 인생에 날개를 단다는 생각으로 이 책을 읽어주었으면 한다.

시도하지 않으면 아무것도 이루어지지 않는다

네 가지 질문이 있다. 독창적이며 강력한 독서법이라 자부하는 퀀텀 리딩을 만들게 해준 고마운 네 가지 질문이다.

첫 번째 질문은 이것이다.

"어떻게 하면 평범한 사람을 단번에 독서 천재로 도약시킬 수 있을까?"

두 번째 질문은 이것이다.

"어떻게 하면 한국인의 독서력을 단번에 세계 최고 수준으로 도약시킬 수 있을까?"

세 번째 질문은 이것이다.

"어떻게 하면 독서 후진국인 한국을 독서 최강국으로 단번에 만들어 버릴 수 있을까?"

마지막 네 번째 질문은 이것이다.

"독서 천재란 타고나야 하는 것일까? 만들 수는 없는 걸까?"

3년을 꼬박 독서에 미치자 독서력이 기하급수적으로 폭발했고, 급기야는 하루에 열 권, 스무 권도 독파하는 무지막지한 독서 대식가가 되어버렸다. 5,000권까지는 제 잘난 맛에 독서를 했고, 5,000권을 넘어서자 세상의 거대한 지식과 지혜에 압도당하기 시작했다. 5,000권까지는 지식을 위한 독서였고, 그 수준을 넘어서니 조금씩 지혜를 얻는 독서가 시작되었다.

나는 5,000권을 기점으로 독서의 질이 완전하게 달라졌다. 급기야 물리학에서 이야기하는 양질전환의 법칙을 5,000권이라는 독서량을 통해 오롯이 체험했다.

한국에는 1만 권 독서를 한 사람이 정말로, 정말로 드물다. 그러나 일본에는 1만 권 독서를 했다고 대놓고 이야기하는 사람이 수백 명도 넘는다. 그만큼 독서의 양과 질, 수준에 자신감이 있다는 것이다.

일본에 지고 싶지 않았다. 우리는 더 위대한 민족이기 때문이다. 이 한 가지 이유에서 나는 우리 국민들의 독서 수준과 양과 질을 깨뜨릴 수 있는, 단번에 한국인들의 독서력을 퀀텀 점프시킬 수 있는 독서혁명 프로젝트를 시작했다. 가장 잘 하는 것이 책 읽고 책 쓰는 것인 내가 지금 당장 할 수 있는 일이 바로 많은 국민을 독서 천재로 만드는 것이리라.

2013년 3월 1일 삼일절, 나는 아무것도 가진 게 없었지만 용감하게, 아니 무모하게도 세계 최강의 독서법 세미나를 꿈꾸며 독서혁명 프로젝트를 시작했다. 서울 양재역 근처 지인의 사무실에서 스무 명을 모아 놓고 강의를 시작했다. 물론 처음에는 독서 효과에 대해 반신반의했다. 그러나 결과는 놀라웠다. 3주 후에 독서 천재로 도약하는 사람이 한 명 두 명 나오기 시작했다.

어떤 사람은 양 페이지가 한 번에 보이고 한꺼번에 읽을 수 있게 되었다고 메일을 써서 보내왔다. 큰 용기를 얻었다. 때마침 강의가 입소문이 났다. 전국에서 사람들이 몰려들었다. 그래서 이번에는 좀 더 큰 강의실이 필요했다. 숭실대학교에서 전국에서 몰려든 50여 명의 수강생을 받았다. 3주가 지나자 독서 천재로 도약하는 이들이 속속 배출되었다. 나는 또 한번 자신감을 얻을 수 있었다.

그러나 100명 중 2~5명 정도의 비율로 독서력에 변화가 없는 이들이 생겼다. 똑같은 강사의 똑같은 강의였지만, 사람마다 편차가 발생한다는 사실을 새삼 깨닫게 되었다.

어떤 수강생은 자신이 단 3분도 뭔가에 집중할 수 없다고 고백했다. 그래서 학교도 중퇴해야 했고, 지금은 우울증까지 겹쳐 아무것도 할 수 없다고 했다. 수강생을 변화시키려고 많은 노력을 기울여봤지만, 이런 경우 변화와 성장은 독서법이 아닌 전문의의 치료에 달려 있다는 것을 깨닫게 되었다. 그러나 이런 특수한 경우가 아니라면 대부분 사람은, 비록 사람마다 편차는 있더라도 변화와 성장을 경험했다.

이것은 나이의 문제가 아니라는 것도 알게 되었다. 50대는 기본이고, 60대도 독서혁명 프로젝트에 참여해 독서법의 변화와 성장을 경험하는 것을 자주 목격하기 때문이다.

마음을 비웠다. 100퍼센트 성공시킬 수는 없다. 80퍼센트 이상 성공시키면 된다고 생각하고 지금까지 10년 동안 독서혁명 프로젝트를 진행해오고 있다. 그리고 5,000여 명의 사람이 이 프로젝트를 수강했다.

평생 경험해 보지 못할 수준의 독서력 점프를 단 3주 만에 경험하게 해준다는 것이 독서혁명 프로젝트의 가장 큰 매력일 것이다. 이 프로젝트를 통해 독서의 세계가 넓어지고, 독서의 차원을 한두 단계 이상 뛰어넘는 사람이 다수 배출된다는 사실에 나는 매우 기쁘다. 결론은 이것이다. 단 3주 만에 수십 명을 한꺼번에 독서력을 3배 이상 점프 시킬 수 있는 독서법 세미나는 전무후무하다. 그 중에는 독서력이 333배 점프한 사람도 나왔고 원 페이지 리딩이 가능하게 된 이들도 나왔다.

나는 간절히 원한다. 수많은 우리 국민이 독서의 대가로 단번에 도약하여 더 큰 일을 해내는 데, 독서혁명 프로젝트와 퀀텀 리딩이 큰 도움이 되기를. 물론 독서법을 배우기 위해 3개월, 6개월씩 혹독한 훈련을 해야 한다는 것은 배보다 배꼽이 더 큰 일이다. 일본과 미국의 독서법이 우리 한국인들과 잘 맞지 않는다는 것 또한 독서 대가로 가는 길에 큰 난관이다. 그래서 꾸준히 한국인들을 위한 독서법을 발굴하고 개발하고 있다.

독서법 관련 첫 책은 국립중앙도서관에서 가장 많이 읽힌 책 베스트에 꼽힌《김병완의 초의식 독서법》이다. 많은 분이 아직도 사랑해주신다. 더불어《초서 독서법》은 우리 선조들의 독서법이 고스란히 담겨 있어 독서가라면 꼭 읽어야 할 책이다. 그리고 반드시 읽어야 할 독서법 책이라면 바로 이 책《1시간에 1권 퀀텀 독서법》이다. 현대 한국인을 위해 현대 한국인이 만든 독서법이기 때문이다.

독서법이라고 하면 대개 속독, 다독, 정독, 숙독 등을 떠올릴 것이다. 그러나 나는 여기에 한 가지를 추가하고 싶다. 바로 초독超讀이다. 그리고 초독을 영어로 옮긴 것이 퀀텀 독서법quantum reading이다.

내가 말하는 초독, 즉 퀀텀 독서법은 네 가지 의미가 있다.

첫째, 자신의 능력을 뛰어넘어 독서한다는 의미다.

둘째, 자신의 기존 독서 속도와 깊이를 뛰어넘어 자유자재로 한 차원 높은 독서를 하게 해준다는 뜻이다.

셋째, 의식과 이성을 뛰어넘어 무의식 독서를 한다는 뜻이다.

넷째, 평면적·직렬적·순차적 독서를 뛰어넘어 입체적·동시적·병렬적 독서를 한다는 뜻이다.

초독을 가능하게 해주는 게 바로 퀀텀 리딩이다. 그래서 초독은 퀀텀 리딩의 다른 이름이면서 동시에, 이 두 가지는 같은 것이다. 지금까지 시중에 나온 독서법 책들을 보면 대개 독서에 대한 이론과 개론을 다루고 있다. 그래서 구체적이고 실제적이며 디테일한 독서 스킬을 담고 있는 책은 보기 드물다.

독서법 책들을 보면서 기대와는 다른 내용에 실망한 이들이 적지 않을 것이다. 독서를 제대로 할 수 있는 구체적이고 실질적인 독서법보다는 그저 독서에 대한 이야기로 가득 차 있기 때문이다.

이 책은 제대로 독서하는 방법, 독서력을 향상시키는 스킬, 그리고 실제로 10년 동안 5,000여 명의 수강생들이 실습하며 효과를 맛본 실전, 경험 위주의 독서법 책이다. 혼자서 책만 보고 연습하는 것이 다소 무리가 있을 수도 있지만, 그래도 의지가 넘치는 독자들이라면 충분히 가능하리라 생각한다.

무엇보다 대한민국을 다시 독서 강국으로 우뚝 세우기 위해, 모든 스킬을 이 한 권에 다 담았다. 시도하지 않으면 아무것도 이루어지지 않는다. 시도하고 도전하자. 당신의 독서력이 지금보다 10배 더 향상되기를 진심으로 기원한다. 건투를 빈다.

저자 일러두기

시간과 여건이 허락하지 않는 독자들을 위해 혼자서 퀀텀 독서를 훈련하는 법에 대해 아래 링크에 자세한 가이드라인을 정리해두었다. http://cafe.naver.com/collegeofkim/21561

C/O/N/T/E/N/T/S

2장 독서 천재들은 눈으로 읽지 않는다

3장 책, 제대로 읽는 법은 따로 있다

| 4장 | 독서가 재미없고 힘든가

| 5장 | 이것은 지금까지의 독서법과 다르다

| 6장 | 인생을 바꾸는 퀀텀 리딩 스킬 15단계

| 7장 | 퀀텀 리딩 마스터 시스템 Q.R.M.S.

1장

당신이 독서를 미친 듯이 해야 하는 단 한 가지 이유

한 권의 책을 읽은 사람은 두 권의 책을 읽은 사람의 지배를 받게 된다.

| 에이브러햄 링컨 |

독서는 생존이 아닌 품격의 문제다

남들보다 많은 독서를 한 덕에 10년 동안 5,000명에게 독서법을 가르칠 수 있었고, 100권의 책을 집필하고 출간했으며, 500명의 작가를 양성할 수 있었다.

지금까지 10년이 넘는 시간이다. 누구보다 치열하게 독서를 했고, 책을 썼고, 독서하는 법과 책 쓰는 법을 가르쳤다. 이제야 비로소 독서의 품격을 말할 수 있게 되었다. 이전에는 독서가 생존이었고, 도전이었다.

"이제 알았다. 독서는 성공의 문제도, 성장의 문제도 아닌 품격의 문제라는 것을!

독서는 본질에서 품격이다.

그래서 독서의 품격이 결국 부와 성공을 이끌고, 사람을 모으고, 역사에 이름을 남기게 되는 것이다.

고로 독서는, 품격 있는 인간을 만들어주는 수단이다."

풍요롭고 훌륭한 내적 삶을 일구고, 인격 수양의 길을 가기 위해 가장 먼저 필요한 것은 품격이다. 그렇기에 독서는 가장 우선되어야 할 내적 삶의 길이다. '인간이라는 뒤틀린 목재에서 곧은 것이라고는 그 어떤 것도 만들 수 없다'고 말한 임마누엘 칸트처럼, 뒤틀린 목재에 필요한 것은 질서정연한 결, 바로 품격을 갖추는 것이다. 뒤틀린 결을 바로 잡아가는 과정, 그것이 인격 수양의 길이라면 독서는 가장 요긴한 수단이다.

"글을 읽은 사람은 사소한 일에는 비록 더러 물정을 모르고 어둡더라도 중대한 사안에 대해서는 본래 지키는 바가 있게 마련이다.

글을 읽지 않은 사람은 재주와 지모가 출중하다 하더라도 마침내 근본에 부족함이 있어 이루는 것이 아무것도 없게 된다."

정조대왕의 이 말은 독서가 결국 격차를 만들어낸다는 사실을 이야기하고 있다. 그렇다. 독서가 격차를 만들어내는 이유는 바로 격이 다르기 때문이다. 그것이 독서의 품격이다. 지금 우리에게 필요한 것은 격이 다른 독서다. 격이 달라야 인생이 바뀐다.

독서에도 다양한 종류가 있다. 취미나 호기심으로 하는 취미 독서라면 적당히 즐기면서 읽으면 된다. 지식과 정보를 얻기 위한 지식 독서는 문자만 제대로 독해할 수 있으면, 목표에 맞는 독서를 할 수 있다. 또 생존을 위한 생존 독서도 있고, 성장과 성공을 위한 성장 독서도 있다.

독서의 최고 경지는 지식의 축적이나 생존이 아닌 격이 다른 독서다. 품격의 독서는 한 마디로 인생을 바꾸는 독서, 즉 인생 독서다. 인생을 바꾸기 위해서는 격이 달라야 한다. 독서의 품격은 그 기세로 알 수 있다.

중국의 병법가 손자는 전쟁의 승패를 가르는 것은 기세라고 말한다. 사납게 흐르는 물이 돌을 굴리는 힘, 이것이 기세다. 독서로 인생을 바꾸기 위해서는 독서의 기세가 달라야 한다. 그 기세는 바로 독서를 대하는 자세와 의식에 따른다.

'한 사람이 길목을 지키면 1,000명도 두렵게 할 수 있다'고 중국의 병법가 오자가 말한 것처럼, 독서의 품격은 길목을 지키며 세상을 압도하는 것이다. 아무리 많은 양의 독서를 해도 인생이 바뀌지 않는 것은 독서의 품격이 없기 때문이다.

품격 있는 독서와 취미로 하는 독서, 지식을 위한 독서, 생존을 위한 독서, 성공을 위한 독서와의 차이점은 자신과 싸움에서 이기는 독서라는 것에 있다. 옛말에 자승만승이라는 말이 있다. 자신의 어리석음을 비롯하여 스스로를 이길 수 있는 사람은 1만 가지 일, 즉 이 세상 모든 일을 손쉽게 이길 수 있다는 말이다. 품격 있는 독서는 자신의 어리석음, 우둔함, 부족함, 치명적인 결함, 편견, 나약함을 치료하고 회복시켜 주는 독서다. 이런 독서라야 인생이 바뀐다.

잘 살기 위해 책을 읽는 것이다. 왜 책을 읽는 것이 잘 사는 것, 품위 있게 사는 것, 품격이라고 생각하는가? 진짜 독서의 품격은 읽기를 통해 인생의 격이 한두 단계 상승하는 것이다. 읽었다면 반드시 흥해야 한다. 개인이 독서를 하면 개인이 흥해야 하고, 국민이 독서를 하면 나라가 흥해야 한다.

"인생은 책을 얼마나 읽었느냐가 아닌, 어떻게 읽었느냐에 따라 달라진다."

인생을 바꾸는 가장 강력한 마법, 독서

당신은 지금 당장 독서를 시작해야 한다. 그것도 매일 독서를 해야 한다. 밥은 굶어도 독서를 굶어서는 안 된다.

당신이 반드시 책을 읽어야 하는 이유가 있다.

독서를 하지 않으면 평생 희망 없이 일만 하는 일벌로 살아야 하기 때문이 아니다. 물론 많은 사람이 독서를 통해 지금까지의 지긋지긋한 인생, 어제와 별반 다를 바 없는 신물 나는 비참한 삶에서 벗어나 눈부신 인생을 살게 되었다는 것은 숨길 수 없는 사실이다.

현대 경영학의 창시자인 피터 드러커가 독서를 미친 듯이 하지 않았다면 그는 평범한 은행원으로 평생 살았을지 모른다. 세계적인 미래학자 앨빈 토플러가 독서를 미친 듯이 하지 않았다면 평생을 부두의 노동자로 살았을지 모른다. 현대그룹의 회장 정주영이 미친 듯이 독서를 하지 않았다면 그는 평생을 노동자로 살았을지 모른다.

데일 카네기가 미친 듯이 독서를 하지 않았다면 그는 평생 구두를 닦으며 살았을지 모른다. 앤서니 라빈스가 미친 듯이 독서를 하지 않았다면 그는 지금도 빌딩 청소부로 살았을지 모른다.

나폴레옹이 미친 듯이 독서를 하지 않았다면 그는 평생 왕따로 살았을지 모른다. 마오쩌둥이 미친 듯이 독서를 하지 않았다면 그는 평생 농부의 아들로 농사를 지었을지 모른다.

워런 버핏이 어렸을 때부터 아버지 서재에 있는 책들을 미친 듯이 읽지 않았다면 지금 그의 이름을 아는 사람이 단 한 사람도 없을지 모른다. 버락 오바마가 방황의 시기에 미친 듯이 책을 읽지 않았다면 그는 지금도 방황을 계속하고 있었을지 모른다.

에디슨이 미친 듯이 도서관을 통째로 읽어치우지 않았다면 그는 평생 이름 없는 기술자로 남았을지 모른다. 이랜드 그룹 박성수 회장이 2년 6개월 동안 병상에서 미친 듯이 3,000권의 책을 읽지 않았다면 그는 지금도 여전히 평범한 직장인으로 살고 있을지 모른다.

교보문고 신용호 회장이 중학생 시절 학교를 다니지 못했을 때 미친 듯이 1,000일 독서를 하지 않았다면 그는 대한민국 독서의 거인으로 우뚝 서지 못했을지 모른다.

세종대왕이 평생 동안 책을 읽지 않았다면 한글은 이 세상에 존재하지 않았을지 모른다. 레오나르도 다빈치가 20대 때 미친 듯이 독서를 하지 않았다면 그는 평생 평범한 시골뜨기 도공에 머물렀을지 모른다.

빌 게이츠가 동네 도서관을 자기 집처럼 드나들며 독서를 하지 않았다면 그는 지금도 이름 없는 엔지니어로 살았을지 모른다. 세계적 사상가인 에릭 호퍼가 미친 듯이 독서를 하지 않았다면 그는 평생 정규교육도 받지 못한 떠돌이 노동자로 살았을지 모른다.

오프라 윈프리가 미친 듯이 책을 읽지 않았다면 세계적인 방송인은 커녕 자신의 상처와 아픔도 치료하지 못하고 평생 우울증으로 불행한 날들을 보내며 살았을지 모른다. 다산 정약용이 미친 듯이 책을 읽지 않았다면 그는 평생 귀양지에서 허송세월만 보내며 신세 한탄만 했을지도 모른다.

이렇게 독서는 한 개인을 위대하게 바꾸어 놓는다. 그러나 이것이 당신이 미친 듯이 독서를 해야 하는 단 한 가지 이유는 아니다.

독서는 인생을 바꾸는 가장 강력한 마법이다.

전자공학도였고 10년 이상 평범하게 직장 생활만 했던 나 같은 사람을 단번에 베스트셀러 작가로, 하루에 세 번이나 강의를 하는 강사로, 하버드대학교 졸업생, 대한민국 최고의 박사, 출판사 편집장, 이미 책을 서너 권 출간한 경험이 있는 기성 작가, 심지어 대학교 총장까지도 찾아와서 배우는, 책 쓰기 코치로 바꾸어준 것이 바로 독서였다.

당신이 독서를 미친 듯이 해서 독서 고수가 되면 당신에게는 다음과 같은 변화가 생긴다.

첫째, 인생이 달라진다.

둘째, 더는 평범한 직장인에 머물 수 없게 된다.

셋째, 비범한 강사나 1인 기업가로 살아가게 된다.

넷째, 작가로 쉽게 변신할 수 있다.

다섯째, 새로운 미래를 스스로 선택해서 만들어갈 수 있다.

여섯째, 사회적으로 인정받고 존경받는다.

일곱째, 경제적으로 풍요로워진다.

여덟째, 무엇보다 지질한 인생에서 벗어날 수 있다.

당신이 미친 듯이 독서를 하기만 하면, 분명히 별 볼 일 없던 어제와 다른 인생을 살게 된다.

그뿐만 아니라 독서를 하면 뇌 구조가 바뀐다. 메스를 대지 않고도 당신의 뇌 구조와 시냅스와 내용물을 모조리 재창조하는 기적을 맛볼 수 있다. 최근의 뇌과학자들이 하나같이 말하는 것이 이것이다. 독서를 하면 인간의 뇌가 물리적으로 재생성되고, 재배치되고, 심지어 재탄생된다는 것이다. 이렇듯 독서를 하면 평범한 사람도 천재가 될 수 있다.

이렇게 엄청난 이유와 근거가 있지만 이 중 그 무엇도 당신이 미친 듯이 독서를 해야 하는 이유는 아니다. 더 강력하고, 위대하고, 필연적이고, 심지어 충격적이고, 놀라운 한 가지 이유가 있다.

내가 말하는 독서의 단 한 가지 이유는 이 나라 이 민족, 그리고 당신의 자녀다. 다시 말해 민족과 후손을 위해 당신은 책을 읽어야 한다.

이것이 내가 던지는 '독서를 미친 듯이 해야 하는 단 한 가지 이유'다.

세종대왕은 집현전 학자들에게 외쳤다.

"나라와 민족과 후손을 위해, 우리 공부하다가 죽읍시다."

이제 아무것도 아닌 독서광인 나도 여러분에게 외친다.

"나라와 민족과 후손을 위해, 우리 미친 듯이 독서하여 나라를 바로 세웁시다."

개인이 책을 읽어 의식 수준이 높아지고 양식을 갖추게 된다면, 우리나라는 살기 좋은 나라, 부강한 나라, 선진국이 될 것이라고 나는 확신한다.

이를 더 현실적으로 표현하자면, 우리가 오늘 독서를 하지 않으면, 한 달에 한두 권의 책도 읽지 않으면, 우리 자녀들이 지옥 같은 한국 사회에서 살게 된다. 더 적나라하게 이야기하겠다. 개인의 독서량은 개인의 문제가 아니다. 즉 당신의 독서량이 적으면 당신의 자녀들에게 그대로 전달될 뿐만 아니라, 이 나라 이 민족 이 국가의 가장 중요한 경쟁력인 민족의 정신과 의식이 밑바닥이 된다.

눈에 보이지 않는 삶의 의미와 가치보다 돈과 성공에 집착하게 하는 사회에서 과연 우리 자녀들은 삶의 참다운 의미와 가치를 발견하고 잘 살아갈 수 있을까?

이런 사회를 바꾸고 개혁해서 멋진 한국 사회를 만들 수 있는 유일한 방법이 있다. 바로 독서다. 독서입국讀書立國 대한민국을 만드는 것이다. 내가 독서혁명 프로젝트를 10년 동안 멈추지 않고 진행한 이유는 '독서 강국 대한민국'이 내 꿈이기 때문이다.

국민이 책을 읽지 않는 나라는 곧 허물어지고 만다. 애국은 세금을 내거나 부자가 되는 것이 아니다. 진짜 애국은 독서고, 진짜 자식 사랑은 자녀들에게 독서를 강요하는 것이 아니라, 당신 스스로 독서에 미치는 것이다. 책에 미쳐보자. 독서에 미쳐서 당신의 의식이 달라지고 생각이 달라지면 그것이 바로 애국이다.

책은 절대로 만만한 존재가 아니다. 우리가 그저 책을 읽는다면 늘 책의 노예로 머무를 것이다. 그래서 책을 제대로 잘 읽어야만 한다.

우리는 먼저 답해야 할 질문이 있다. "당신은 왜 책을 읽는가?"

여기서 한 발 더 나아가보자. "당신은 왜 독서를 열렬히, 아니 미친 듯이 해야만 하는가?"

세상살이가 녹록지만은 않다. 부정하고 싶지만 사실이다. 그러한 세상살이를 당신도 해야 하고, 나도 해야 하고, 다음 세대도 해야 한다.

한국인이 좋아하는 소설《어린 왕자》에 보면 이런 말이 나온다.

"사막이 아름다운 이유는 어딘가에 오아시스를 숨기고 있기 때문이야."

우리가 독서를 미친 듯이 해야 하는 이유는 바로 이것이다.

녹록지 않은 인생이 바로 사막 같기 때문이다. 독서는 우리 자신을 발전시키기 위한 것이 아니라, 사막과 같은 인생 어딘가에 있을 오아시스를 발견하기 위해서 하는 것이다.

물론 독서는 우리의 생각을 바꾸고, 의식을 확장시켜주는 자기계발의 최고 수단이다. 그러나 우리가 독서를 하는 궁극적인 목표는 자기 삶의 발전을 넘어 바로 우리 삶 어딘가에 있을지도 모를 오아시스를 발견하기 위해서라는 점을 잊어서는 안 된다.

독서를 통해 오아시스와 같은 눈부신 세계를 발견한 사람은 한두 명이 아니다. 앞서 말한 피터 드러커, 나폴레옹, 링컨, 교보문고 신용호 회장 등은 모두 독서를 통해 새로운 오아시스를 발견한 사람들이다.

당신이 사막 한가운데 있다면 오아시스를 발견하기 위해 쉬지 않고 걸어갈 것이다. 마침내 오아시스가 나올 때까지 말이다. 독서도 우리에게 이런 의미가 있을 것이다.

어제의 생각이 오늘의 당신을 만들고,
오늘의 생각이 내일의 당신을 만든다.

• 블레즈 파스칼 •

당신의 오늘 하루가 지질했든 눈부셨든, 그런 당신의 오늘을 만든 것은 어제까지 당신이 한 생각이다. 그리고 오늘 당신이 하는 생각들이 내일의 당신을 만들 것이다. 여전히 지질하고, 남을 폄하하고, 시기 질투만 하는 그런 사람이 될지, 시기 질투를 부를 만큼 엄청난 성공을 거두는, 눈부신 인생을 사는 사람이 될지는 오롯이 당신이 오늘 한 생각에 달려 있다.

우리의 생각을 바꾸는 가장 강력한 힘은 바로 독서다. 독서를 통해 당신의 생각이 달라질 수 있다. 중국 사람들은 독서와 여행을 강조했다. 여행을 하면 새로운 지역, 낯선 곳에 가서 낯선 환경과 낯선 사람들을 만날 수 있기 때문에 생각에 변화를 일으킬 수 있다.

그러나 현실적으로 평생 여행을 다닐 수는 없는 노릇이다. 또한 단순히 휴양지에 가서 편히 쉬고 오려는 목적으로 여행을 많이 가는 것도 사실이다. 혼자서 낯선 나라에 가서 깊은 사색을 하는 여행을 원하는 사람들은 많지 않다. 또 여행은 시간과 돈이 많이 들어 무조건 많이 해보라고 추천하기가 어렵다.

그러나 독서는 도서관에 가면 하루 종일 돈 한 푼 들이지 않고 마음껏 할 수 있다. 참 좋은 세상이다. 지금부터라도 이 좋은 시절의 선물인 공공 도서관을 마음껏 이용해보자. 골프장이나 술집 대신 도서관에 가면, 우선 나 자신이 행복해지고, 나의 아이들도 좋은 나라에서 살게 되고, 우리나라도 강대국이 되고 선진국이 된다. 그러니 오늘부터 독서에 미쳐보자.

이 세상의 그 어떤 것도, 그 누구도, 그 무엇도 나를 변화시킬 수 없다. 나를 변화시키는 것은 독서뿐이다. 더 나아가 독서는 한 나라를 통째로 변화시킨다. 우리는 독서 강국을 만들 수 있고, 반드시 만들어야 한다. 그것이 자녀들에게, 후손들에게 우리가 물려줄 단 하나의 유산이다.

독서 천재란 어떤 사람들일까

독서 천재라고 하면 '책을 빨리 읽고 많이 읽는 속독의 대가'를 떠올리는 이들이 있는데, 독서 천재는 결코 그런 의미가 아니다.

진정한 독서 천재는 천천히 깊게 읽는 즐거움도 누릴 줄 알고, 반대로 빠르고 넓게 읽을 줄도 안다. 다른 주제의 책 열 권을 동시에 읽을 줄도 알고, 같은 주제의 책을 두 권 이상 비교하면서 읽을 줄도 알며, 열 줄 이상을 한 번에 읽어 내려갈 줄도 아는 사람, 한마디로 자유자재로 책을 통합하고 부리고 꿰뚫어볼 수 있는 그런 독서 능력자를 지칭한다.

독서 고수, 독서 천재, 독서의 대가들과 평범한 독서가의 가장 큰 차이는 무엇일까?

경쟁 혹은 성공을 위해 독서하는 자와 인간답게 살기 위해 독서하는 자의 차이일 것이다.

무조건 빨리 읽는 속독 중심의 독서가와 제대로 깊게 넓게 두껍게 읽을 줄 아는 독서가의 차이일 것이다.

지식과 정보만 넘치는 지식인과 삶을 제대로 통찰하며 살아가는 지혜인의 차이일 것이다.

피상적인 책 읽기 기술을 가진 사람과 인간다운 삶을 실천하는 실천인의 차이일 것이다.

평범한 사람일수록 독서를 많이 해야 한다. 평범한 사람들은 독서에서 얻을 수 있는 것이 많다. 반대로 정말 천재들은 독서를 하지 않아도 이미 천재의 사고를 가지고 있기 때문에 오히려 독서를 통해 얻는 것이 생각보다 적을 수 있다.

역사를 통해 살펴봐도 독서는 평범한 사람을 비범하게 바꾸는 위대한 발명품이다. 평범한 사람들이 비범한 사람들로 도약하는 데 있어서 가장 결정적인 역할을 한 것은 교육이나 환경이 아니라 독서였음을 알 수 있다. 역사 속 독서 천재들을 살펴보면 가장 먼저 세종대왕과 다산 정약용, 헬렌 켈러, 마오쩌둥, 에디슨, 링컨, 율곡 이이, 함석헌 선생, 양주동 박사 등을 꼽을 수 있을 것이다.

이 책은 독서광들을 위한 책이다. 우리가 좀 더 효과적으로 책을 마음대로 부릴 수 있는 독서 고수로 도약할 수 있게 도와주는 책이기 때문이다.

독서를 좋아하는 독서광이라고 해서, 평생 책만 읽었다고 해서 독서 천재라고 할 수는 없다. 좋아하는 것과 프로가 되는 것은 엄연한 차이가 있다. 그런 점에서 독서 천재들은 모두 독서광이라고 할 수 있지만, 독서광이라고 해서 모두 독서 천재라고는 할 수 없다.

독서 천재들은 독서 분야에서 대가의 경지에 오른 이들이다. 한마디로 독서 천재들은 책의 노예나 애인이 되는 수준에서 벗어나 책을 마음대로 꿰뚫어보고, 부리고, 통합하고, 융합할 줄 알았던 이들이다.

독서광에는 두 종류가 있다. 평생 열심히 책을 읽기만 하는 부류와 책을 읽은 뒤 비범한 성과를 창출해내어 독서 고수로 도약하는 부류다. 양자 모두 책을 좋아하고 책을 평생 읽는다는 점에서 차이가 없다. 그리고 후자 역시 전자였던 적이 있었다. 그러나 독서 고수는 책을 읽기만 하는 상태에서 벗어나 한 단계 더 도약한 사람들이다. 그들은 모두 세상의 리더가 되었고, 선구자가 되었다.

나 역시 한때 책벌레였고, 독서광이었다. 그것도 매우 순수한 독서광이었다. 책을 읽는 데 무슨 목적이나 이유가 있는 것이 아니었기 때문이고, 사실 지금도 그것은 변함이 없다.

그러나 돌이켜 생각해보니 안정된 직장과 거액의 연봉을 포기한 이후, 도서관에 틀어박힌 채 오직 나만의 기쁨과 만족과 희열을 위해서 평생 책만 보려고 했던 시절이 나로서는 한없이 부끄럽다. 이왕에 책을 보는 책벌레라면, 그리고 누구보다 책을 사랑하는 독서광이라면, 이 세상에 살면서 나로 인해 누군가가 혹은 무엇인가가 더 나은 방향으로 조금이라도 개선되고 변할 수 있게 되기를 꿈꾸는 것이 단순하게 책만 읽는 것보다는 더 나은 일이 아닐까 하는 깨달음을 얻었기 때문이다.

혜강 최한기 선생은 평생 우리나라 사람으로서는 가장 많은 1,000권 이상의 책을 집필했다. 최한기 선생의 원동력은 독서였다. 조선 시대에 가장 좋은 책들, 귀한 책들은 모두 최한기 선생의 집에 있었을 정도로 그는 엄청난 애서가이자 독서광이었다.

그러나 최한기 선생은 단순히 개인주의적인 독서광이 아니었다. 많은 책을 읽고 그것을 다시 책으로 저술하여 민족과 백성을 이롭게 해주고자 했다. 그리고 이를 일컬어 '저술 공덕'이라고 했다. 좋은 책을 많이 쓰는 것이 바로 덕을 쌓는 것이라고 생각했던 것이다.

이 땅의 많은 책벌레들, 독서광들이 자신의 기쁨과 즐거움, 인생을 위해서만 독서하는 차원에서 그치지 않고 좀 더 성장하고 발전하여 자신이 읽고 배우고 깨달은 것들을 다른 누군가와 나누고 무엇인가를 변화시킬 수 있는 영향력을 발휘하게 된다면 한국 사회는 지금보다 훨씬 더 수준이 높아질 것이다.

초강대국이 초강대국인 이유는 하드웨어 파워 때문이 아니다. 바로 혜강 최한기 선생의 일생처럼 소프트웨어 파워가 강하기 때문이다. 갈수록 책을 읽지 않는 한국 사회의 미래가 밝지 않는 것은 소프트웨어 파워가 점점 더 약해지고 있기 때문이다. 그렇기에 더욱 다산 정약용 선생처럼, 혜강 최한기 선생처럼, 함석헌 선생처럼 책을 통해 위대한 성과를 창출하여 많은 이에게 영향을 주는 인물이 지금 이 시대에 많이 나와야 한다.

자녀들에게 책을 읽으라고 강요하지 말자. 책을 읽어서 세종대왕보다 더 위대한 인물이 되어 한국을 이끌 위인이 될 사람은 자녀들이 아니라 바로 우리, 바로 당신이다. 당신이 할 수 있다면 자녀들도 할 수 있다. 당신이 먼저 해야 자녀들도 당신을 보고 배우게 되는 것이다. 나는 하지 않으면서, 그 의무와 책임을 소홀히 하면서, 한 번도 생각조차 하지 않으면서 자녀에게 그 무거운 책임과 의무를 떠넘기려고 하는 것은 자기기만이자 위선 아니겠는가.

책을 '많이' 읽어야 하는 이유

남의 책을 많이 읽어라. 남이 고생하여 얻은 지식을 아주 쉽게 내 것으로 만들 수 있고, 그것으로 자기 발전을 이룰 수 있다.

• 소크라테스 •

이 말을 명심하자. 많은 것을 바꾸고 싶은 사람이라면 많은 것을 받아들여야 한다. 큰 성공을 하고 싶다면 많은 도전을 해야 한다. 독서를 통해 거대한 생각의 바다를 경험하고 싶다면, 많은 책을 읽어야 한다.

결국 양이 질을 낳는다.

내가 중요하게 여기는 것은 독서량이 일정한 임계점을 돌파하는 순간이다. 그 순간을 경험한 사람과 한 번도 경험하지 못한 사람의 차이는 말로 할 수 없을 만큼 크다.

물은 99도에서 100도로 넘어가는 순간 끓는점에 도달한다. 99도와 100도는 겨우 1도 차이이다. 그러나 이 1도 차이가 액체와 기체라는 차원을 뛰어넘는 엄청난 역할을 한다. 이처럼 단 한 권의 책이 1도의 역할을 하기 위해서는, 그전에 읽은 99도에 해당하는 엄청난 양의 책이 반드시 필요하다.

나는 단 한 권의 책을 읽고 인생이 달라졌다고 하는 사람을 별로 신뢰하지 않는다. 사실 그것은 뭘 모르고 하는 소리다. 그는 절대 그 한 권의 책만 읽은 것이 아니기 때문이다. 그 책을 읽기 전에 수백, 수천 권의 책에서 수만 가지의 생각을 헤아렸을 것이고, 수십 년 이상의 삶을 체득했을 것이다. 아픔과 시련도 느껴봤을 것이고, 쓰디쓴 좌절과 고통도 만나봤을 것이다. 그 모든 것을 다 경험한 뒤, 그 어마어마한 것들이 내면에 축적된 바로 그 시점에 읽은 단 한 권의 책이 그의 삶을 뒤흔들어 바꾼 것이다.

그러나 우리는 아쉽게도 100년의 인생을 의미 있는 경험으로만 모두 채울 수는 없다. 인생의 대부분을 학교와 회사에서 보내기 때문이다. 그래서 독서가 답인 것이다. 수천 년을 살아낸 것과 같은 경험을 할 수 있게 해주는 것은 어찌 보면 독서뿐이다. 그 때문에 독서를 하면 강력한 의식 혁명과 인생 역전을 보다 쉽게 할 수 있는 것이다. 그런 점에서 다독을 하지 않겠다고 하는 사람은 정말 안타까운 사람이다. 사르트르가 한 이 말을 명심하라.

"많은 것을 바꾸고 싶다면 많은 것을 받아들여라."

도스토옙스키는 또 이런 말을 했다.

"한 인간의 존재를 결정하는 것은 그가 읽은 책과 그가 쓴 글이다."

나는 이 말에 100퍼센트 공감한다. 아니, 이 말을 삶에 그대로 적용시켜 오롯이 경험한 사람이 바로 나다. 내가 읽은 책이 나를 변화시키고 성장시켰다. 그리고 내가 쓴 책들이 나를 세상에 알려 지금의 내가 되었다. 내가 읽은 책과 내가 쓴 글이 나의 존재를 결정했던 것이다.

독자 중에 이런 이야기를 하는 사람이 많다.

"왜 책을 읽어도 내 인생은 바뀌지 않습니까?"

"독서를 하는데도 왜 저는 실패만 하는 걸까요?"

겨우 수십 권, 혹은 수백 권을 읽고서 왜 인생이 바뀌지 않느냐고 따지는 사람들은 아직 우물 안 개구리다.

나도 이런 경험이 있었다. 독서를 처음 시작할 즈음 마키아벨리의 《군주론》을 읽었을 때는 무엇 하나 배운 것이 없었고, 당연히 재미도 없었으며, 아무런 감동도 교훈도 얻지 못했다. 그러나 책에 파묻혀 지낸 지 3년이 흐른 후에 다시 《군주론》을 보았을 때, 정말 모든 것이 완전하게 달라졌음을 느꼈다. 정치의 모든 원리들과 군주가 어떻게 행동해야 하는지, 어떻게 해야 군주가 위기 상황에서 몸을 보전할 수 있는지, 리더는 무엇을 어떻게 해야 하는지 등을 단번에 깨달을 수 있었다. 정말이지 《군주론》이 이렇게 재미있는 책이었던가 하고 놀라지 않을 수 없었다.

독서는 결국 거울이며 자신의 반영이다. 자신의 수준이 초등학교 수준인데 어떻게 대학교 수준의 《군주론》을 읽고, 《논어》를 읽고, 《순수이성비판》을 읽고 재미를 느낄 수 있겠는가? 어느 단계에 이르지 못한 사람에게는 《순수이성비판》과 같은 위대한 책도 뜬구름 잡는 소리에 불과하다.

마오쩌둥은 하루 종일 도서관에서 살다시피 했고, 에디슨은 도서관을 통째로 읽었다. 세종대왕은 평생 독서를 했고, 나폴레옹과 알렉산더 대왕은 전쟁터에서도 책을 놓지 않았다. 또 워런 버핏은 책을 많이 읽기로 소문난 미국인들보다 8배나 더 많은 책을 읽었고, 교보문고 신용호 회장은 1,000일 동안 독서만 했다.

독서의 유형과 방법, 정의는 시대의 흐름과 변화에 따라 달라졌다. 조선 시대는 지금처럼 지식이 폭발하는 시대가 아니었고 정적인 사회였다. 그래서 반복 독서를 했다. 조선 시대 선비들은 한 권의 책을 백 번, 천 번, 만 번 되풀이해서 읽고 또 읽었다. 이것이 그 당시에 유행했던 대표적인 독서 유형이다. 세종대왕도 다르지 않았다. '백독백습百讀百習(백 번 읽고 백 번 쓴다)'이라는 말이 이 사실을 잘 말해준다. 심지어 옛날에는 '반부논어치천하半部論語治天下'라는 말이 있을 정도였다. 《논어》를 반만 알아도 천하를 다스릴 수 있다는 뜻이다.

지금은 지식 폭발의 시대다. 쉽게 말해서 지난 100년 동안 생긴 지식보다 최근 몇 년 사이에 만들어진 지식이 몇 배나 더 많다. 그렇기 때문에 이 시대는 다독이 정답인 것이다.

다산 정약용 선생은 큰아들 학연에게 다독의 중요성을 강조하면서 이런 말을 했다.

"폐족일수록 좋은 책을 많이 읽어야 한다. 옷소매가 길어야 춤을 잘 추고 돈이 많아야 장사를 잘하듯 머릿속에 5,000권 이상의 책이 들어 있어야 세상을 제대로 뚫어보고 지혜롭게 판단할 수 있다.
독서야말로 사람이 하는 일 가운데 가장 깨끗한 일이다."

그뿐만 아니라 우리나라에서 가장 많은 책을 저술한 혜강 최한기 선생은 자신의 집 대문과 마당과 서재에 선을 그어 놓고, 책을 1,000권 읽은 사람과 5,000권 읽은 사람과 1만 권 읽은 사람이 각각 들어올 수 있는 경계를 정해 놓았다는 이야기도 전한다.

"단 한 권의 책밖에 읽은 적이 없는 사람을 경계하라"고 영국 총리 벤저민 디즈레일리는 말한 바 있다. 김대중 전 대통령, 레오나르도 다빈치, 안중근 의사 등도 모두 엄청난 다독가였다.

만약 이분들이 다독을 하지 않고 한두 권의 책만 읽었다면 과연 우리가 알고 있는 그 위인들을 이 세상은 만나볼 수 있었을까. '남아수독오거서男兒須讀五車書(남자는 모름지기 다섯 수레에 실을 만한 많은 책을 읽어야 한다)', '독파만권 행만리로讀破萬卷 行萬里路(만 권의 책을 읽고 만 리 길의 여행을 떠나라)'처럼 옛말에도 다독의 중요성을 강조하는 말이 적지 않다. 하물며 지식 폭발의 시대에는 더더욱 강조해도 모자라지 않다.

책을 많이 읽지 않은 사람보다는 많은 책을 제대로 읽고 자신의 사고와 의식이 확장된 사람이 인생을 백 배, 천 배 더 잘 영유할 수 있다.

인생을 잘 영유한다는 것은 단순히 부자가 되고, 사회적으로 성공한다는 것을 의미하지 않는다. 무엇이 되기보다는 어떻게 살 것인가에 대해 고민하고 지금보다 좀 더 나은 삶을 살아갈 수 있게 된다는 말이다.

무엇보다 1,000권의 책도 읽어보지 않은 사람들이 내다보는 세상과 1만 권의 책을 독파한 사람이 내다보는 세상은 분명히 다르다. 이것은 등산에 비유하는 것이 가장 명쾌할 것 같다. 산 중턱에 올라가서 세상을 보는 것과 가장 높은 산꼭대기에 올라가서 세상을 보는 것은 분명 다르다.

독서를 제대로 한다는 것은 책에 담겨 있는 지식과 정보를 자신의 것으로 삼는 것을 의미하지 않는다. 이런 독서를 하면 절대 의식이나 사고력이 향상되지 못하고, 세상을 다르게 내다볼 수 없다. 지식과 정보를 넘어 새로운 사고의 세계로 나아갈 수 있어야 한다. 그것이 바로 독서의 힘이다.

책 한 권을 읽는 데 열 시간이 걸린다고 가정해보자. 이런 사람이 1만 권의 책을 읽으려면 10만 시간이 필요하다. 하루에 세 시간씩 책을 읽는다고 하면 약 100년이 걸리고, 정말 하루에 열 시간씩 책만 읽는다고 가정해도 약 30년의 시간이 걸린다. 한마디로 불가능하다고 할 수 있다.

그런데 책 한 권을 읽는 시간이 한 시간이라고 가정해보자. 이런 사람이 1만 권의 책을 읽으려면 1만 시간이 필요하다. 하루에 세 시간씩 읽으면 10년이면 충분히 가능하고, 나처럼 하루에 열 시간에서 열다섯 시간을 밥만 먹고 책을 읽으면 3년이면 된다(물론 월급도 없고, 생활은 가난해질 것이고, 사회의 시선은 가혹할 것이다).

일정 기간 독서만 하는 사람들은 산술적인 계산보다 훨씬 더 빨리 더 많은 책을 읽을 수 있다. 실제로 독서력은 기하급수적으로 증가한다. 나는 이를 가리켜 '독서의 가속 법칙'이라고 부른다. 나 또한 처음 독서를 시작했을 때는 속도와 이해력 모두 엄청 느렸다. 그런데 2년이 지나면서부터 독서력이 말 그대로 기하급수적으로 향상되는 것을 생생하게 체험했다.

독서는 축적이 아니라 비움이다

독서를 많이 하면 어느 순간 임계점을 넘는 때가 반드시 온다. 이것을 경험한 사람들도 있을 것이고, 아직 그 이전 단계인 사람들도 있을 것이다. 큰 물통에 물을 받으면 어느 순간 물통에 물이 차 넘친다. 나는 이러한 임계점을 경험했다. 이런 임계점의 독서량이 내게는 5,000권이었다. 5,000권을 독파한 뒤에는 그냥 달라진 정도가 아니라 천지개벽이라고 할 만큼 나 자신에게 엄청난 변화가 일어났다. 그 변화의 핵심을 한마디로 표현하면 이렇다.

"독서는 축적이 아니라 비움이다!"

5,000권을 독파하기 전, 대략 3,000권 정도 읽었을 때는 세상의 모든 것을 알았다는 양, 잘난 체도 하고 싶었고 사람들에게 아는 지식들을 말하고 싶어서 견딜 수가 없었다. 그런데 놀랍게도 5,000권을 독파

하자, 내가 알고 있는 모든 지식과 정보들이 뜬구름처럼 신뢰할 수 없는 가벼운 것들이라는 사실을 조금씩 깨닫게 되었다. 결국 지혜에 눈뜨는 시기를 맞이한 것이다.

정리하자면 나에게 5,000권 이전의 독서는 그저 지식을 위한 것일 뿐이었고 지혜를 얻기 위한 진정한 의미의 독서는 5,000권 이후부터였다고 할 수 있다.

2차원에서 3차원으로 차원이 달라진 것이다. 액체가 기체로 기화된 것과 같다. 독서를 많이 할수록 지식의 양보다는 사고의 질이 향상된다는 것도 이때 깨달았다.

결국 참된 독서를 하게 되면 양이 아니라 질로 양질전환의 법칙이 그대로 적용된다는 것을 알게 되었다.

그리고 이렇게 되기 위해서는 반드시 방대한 양의 독서가 필요하다는 것을 몸소 느꼈다. 그래서 나는 다독에 대해 이렇게 말하고 싶다.

"다독을 절대 무시하지 마라. 다독을 통해 인생이 바뀐 사람이 한두 명이 아니다. 다독을 못하는 자기 자신의 나약한 의지를 무시해야 한다. 다독을 하는 사람치고 성공하지 못한 사람은 단 한 명도 없다."

독서는 눈으로 하는 것이 아니다

독서의 본질은 보는 것이 아니다. 텍스트와 눈은 보조도구일 뿐이다. 독서의 주인공은 바로 뇌다. 그래서 독서의 본질은 글자의 '디코딩decoding(해독)'이 아니라 뇌의 '씽킹thinking(생각)'이다.

독서는 눈으로 하는 지각 과정이 아니라 뇌로 하는 사고 과정이다. 독서는 눈의 기능을 활용한다기보다 뇌의 기능을 활용한다. 그래서 독서의 속도는 눈의 지각 속도가 아니라 뇌의 생각 속도에 좌우되는 것이다.

현대의 뇌과학자들은 사물을 보는 것은 우리 눈이 아니라 두뇌라고 주장한다. 실제로 연구 결과, 어려서부터 시각을 잃었던 사람이 의학의 도움으로 눈의 시력을 완벽하게 회복한 후에도 사물의 원근을 잘 구분하지 못해 계단을 오르지 못하고, 심지어 보이기는 하지만 얼굴 형태를 잘 구분하지 못하는 등 여러 가지 시각적 장애는 그대로 남아 있었다는 사실을 발견했다.

인간의 눈은 사실 빨강, 파랑, 초록 이 세 가지 색밖에는 보지 못한다고 한다. 눈이 다 보지 못하는 다른 것들을 모두 조합하고 만들어서 보이게끔 해주는 위대한 장기는 바로 뇌다.

심지어 우리 눈은 2차원 평면만을 볼 수 있게 되어 있다. 사물의 깊이나 두께 등의 입체감은 눈이 보는 것이 아니다. 우리의 뇌가 조합하고 계산하고 추측까지 해서 사물을 3차원으로 보이게 하는 것이다.

명심하라. 우리는 보이는 것을 읽고 있는 것이 아니다. 우리는 생각하고 있는 것을 읽고 있다고 인식할 뿐이다. 더 구체적으로 말해서 뇌가 읽어줘야만 비로소 읽을 수 있게 된다는 말이다.

바로 이런 이유에서 독서의 속도는 눈의 지각 속도가 아니라 뇌의 생각 속도라고 하는 것이다.

'생각의 속도가 독서의 속도다'라는 사실에 대해서는 뒷부분에서 좀 더 심층적으로 살펴볼 것이다. 여기서는 먼저 준비 작업으로 독서는 눈으로 하는 것이 아니라는 사실에 대해서만 살펴보도록 하겠다.

일반적인 독서 과정을 살펴보면 먼저 눈으로 지각하고, 그것을 뇌가 받아들여서 복합적으로 사고하는 것처럼 보인다. 그러나 맹인의 독서 과정, 즉 눈이 아니라 손을 통해 뇌가 정보를 받아들인다는 사실 앞에서 독서의 본질이 손이나 눈이 아닌 뇌에 있다는 것을 알 수 있다. 결국 독서는 디코딩이 아니라 씽킹이라는 것이다.

이런 사실을 간과한 것이 시폭 확대 운동이나 안구 운동을 강조한 기존의 속독법이다. 속독법을 배운 이들이 효과적인 성과를 창출해내지 못한 이유 중 하나가 바로 이것이다. 아무리 빨리 읽을 수 있게 된다고 해도 독서의 참 효과를 얻지 못하는 것이다.

눈으로만 하는 독서는 230쪽의 책을 20초 혹은 30초에 다 읽게 해준다. 실제로 속독법 관련 책들을 보면 이렇게 빨리 독서하는 사람들의 예를 쉽게 찾아볼 수 있다. 그러나 이렇듯 과하게 빨리 읽어 독서의 진짜 효과를 얻을 수 있을까?

독서는 너무 천천히 해도 안 되지만 너무 빨리 해도 안 된다. 빨리 읽어서 이해되지 않는 부분은 마찬가지로 천천히 읽어도 이해되지 않는다. 그래서 적당한 속도를 유지하는 것이 중요하다. 그 적정 속도가 바로 뇌가 생각할 수 있는 속도다.

내가 생각하는 바람직한 독서 속도는 200~250쪽 정도 되는 일반 도서를 60~90분 사이에 읽는 것이다. 이렇게 하면 도서관에서 하루 종일 5~10권 정도를 읽어낼 수 있다.

반드시 기억해야 할 사항이 있다. 독서 고수들은 오랜 시간 책을 많이 읽으면서 내공이 조금씩 축적되었기 때문에 자연스럽게 빨리, 많이, 깊게, 읽을 수 있다. 그런데 독서 고수들의 속독을 단순하게 시폭 확대 훈련이나 안구 운동으로 쉽게 배우려는 것은 무리가 따를 수밖에 없다.

스키를 잘 타는 사람은 정말 가파른 경사의 슬로프에서도 넘어지지 않고 안정적으로 스키를 즐기지만, 초보들은 절대로 상급자 코스에서 안정적으로 스키를 탈 수 없다.

마찬가지로 독서 초보들은 오랜 시간을 들여 한 글자 한 글자를 빼먹지 않고 책 한 권을 다 읽는다 해도 배우는 것이나 얻는 것이 별로 많지 않다. 그러나 독서 고수들은 설렁설렁 대각선으로 페이지를 읽고, 통으로 책 한 권을 대충 읽어도 독서 초보보다 더 많은 것을 배우고 캐낼 수 있다.

> **책을 많이 읽을수록 독서력은 기하급수적으로 향상된다.**
> **독서광이라 불리는 사람들은 한 눈으로 여러 대목을 살피며 읽어낸다.**
> **그리고 요점만 골라낸다.**
> **그러므로 자기에게 필요한 대목을 스스로 활용할 수 있다.**
> • 에드거 앨런 포 •

이 말은 독서 고수들의 독서 모습에 대해 잘 이해할 수 있게 해준다. 독서 고수들은 절대 글자를 하나하나 읽지 않는다. 한 번에 여러 줄을 보고 핵심 또한 잘 파악한다. 그것이 독서 고수이다.

독서는 결국 뇌의 활동이다

공부와 독서는 본질적으로 다르지 않다. 특히 뇌를 사용해야 한다는 점에서 거의 동일하다. 그렇기 때문에 공부나 독서 모두 엄청난 집중력이 필요하다.

집중력이 좋은 학생들이 공부나 독서를 잘할 수 있는 것은 당연하다. 집중력은 공부나 독서에만 중요한 요소가 아니다. 운동을 하거나 업무를 볼 때에도 집중력만큼 중요한 것은 없다. 그래서 모든 성공과 성과는 집중력에 달려 있다고 말하는 사람들이 적지 않다.

적성이나 재능보다 집중력이 더 중요하다. 《아웃라이어》의 저자 말콤 글래드웰도 성공은 무서운 집중력과 반복적인 학습의 산물이라고 단언한 바 있다.

독서를 잘하는 고수들을 보면 신체·감정·정신을 한순간에 집중하는 능력이 매우 뛰어나다는 것을 알 수 있다. 이렇게 집중할 때 뇌는 최고의 상태가 되고 초의식 상태가 된다. 이때 시간은 멈춘 것처럼 느껴지고, 감각은 더 생생해지며, 생각은 더 명료하고 풍부하고 유연해진다. 바로 이때가《김병완의 초의식 독서법》에서 말하는 의식을 집중한 상태인 것이다.

기존의 속독법이나 일본에서 강조하는 독서법들이 눈의 지각 과정만을 중요시하며 시폭 확대 운동이나 안구 운동을 많이 시켰는데, 이것은 독서 활동의 한쪽만을 강조한 것이라고 할 수 있다.

퀀텀 독서법은 정확히 독서 활동의 두 가지 측면을 모두 고려하여 새롭게 개발한 독서법이며, 오히려 눈의 지각 과정보다는 뇌의 인지 과정, 즉 사고 과정을 더 강조한 독서법이다. 독서 활동은 뇌의 후두엽, 두정엽, 측두엽, 전두엽, 즉 전뇌 활동이기 때문이다.

독서를 하게 되면 시각(혹은 촉각)을 통해 책의 정보가 뇌로 들어온다. 이 정보는 시신경을 지나 뇌의 뒤쪽인 후두엽에 일차적으로 모이게 된다. 후두엽에 모인 정보는 시상을 통해 사고하고 판단하는 전두엽으로 전달된다. 전두엽은 정보를 통합하여 정리하고 분석하고 사고하여 판단과 결정 과정을 거친 후, 어떤 행동을 지시하거나 결단하게 하거나 혹은 의식이 확장되도록 한다.

놀라운 사실은 게임을 하는 사람들의 뇌파를 측정해보면 인간의 사고 과정 중에서 가장 중요한 전두엽의 활성화가 전혀 이루어지지 않는다는 것이다. 이는 TV를 볼 때와 같은 현상이다. 결론은 게임을 하거나 TV를 보는 것은 사람의 사고력을 전혀 향상시키지 못하는 수동적이고 기계적이고 말초적인 행위라고 볼 수 있다.

게임을 하거나 TV를 보는 동안은 인간이 주체적으로 생각할 시간도 없이 화면이 계속 바뀌기 때문에 전두엽은 전혀 활동하지 않는다. 내가 만화책을 그리 추천하지 않는 이유도 여기에 있다. 만화는 그림이 있기 때문에 전두엽의 활동을 제한하고, 대신 설명해주기 때문에 일반 책을 읽는 것만큼 전두엽이 왕성하게 활동하지 않는다.

반대로 독서는 가장 왕성하게 전두엽을 움직이게 하는 행위라고 할 수 있다. 인간이 동물과 달리 만물의 영장이 된 원동력이 바로 전두엽이다. 나는 독서가 전두엽을 가장 잘 발달시킬 수 있는 최고의 방법이라고 생각한다.

스마트폰 보급률 1위가 의미하는 것

인간이 처음부터 독서할 수 있는 뇌로 만들어진 것은 아니다. 종이와 인쇄 기술도 긴 인류사의 중간에 발명되었고, 책의 발명과 함께 독서도 진화를 거듭했다.

독서를 많이 하면 인간의 뇌가 '독서 뇌'로 전환되고, 이것은 대부분의 천재가 가지고 있는 뇌 혹은 변형된 뇌와 비슷하다. 그러나 독서를 많이 하지 않는 사람들은 독서 뇌와는 전혀 다른 뇌를 가지고 있다. 나는 이를 '게임 뇌' 혹은 '스마트폰 뇌'라고 부른다.

우리나라는 조선 시대만 해도 독서 강국이었고 세계 최강의 문화국가였다. 그 증거로 세계 최고의 글자인 한글 창제를 들 수 있다. 그러나 지금은 독서 후진국이다. 독서하는 양이나 질을 모두 평가해볼 때,

이웃나라 일본은 물론 중국보다도 못하다.

문화체육관광부가 2021년에 실시한 '2021 국민 독서 실태 조사'를 보면 이런 사실이 분명하게 드러난다. 이 조사에 따르면 약 30년이 지나오는 동안 한국인의 독서율은 반토막이 되었다. 2013년부터는 전자책도 포함되었고, 2019년부터는 오디오북까지 포함했지만 47.5퍼센트이다. 그나마 아직은 90퍼센트대를 유지하고 있는 학생들이 우리나라의 희망이라고 해야 할까.

나는 한국이 독서 후진국이 된 이유를 독서법의 부재 때문이라고 말했다. 물론 이 말은 변함없는 사실이다.

그렇다면 독서법이 사라진 국민에게 나타난 현상은 무엇일까? 나는 책을 대신해 나타난 대표적 현상으로 전 세계 스마트폰 보급률 1위, 영화 관객 1,000만 명 시대를 들고 싶다.

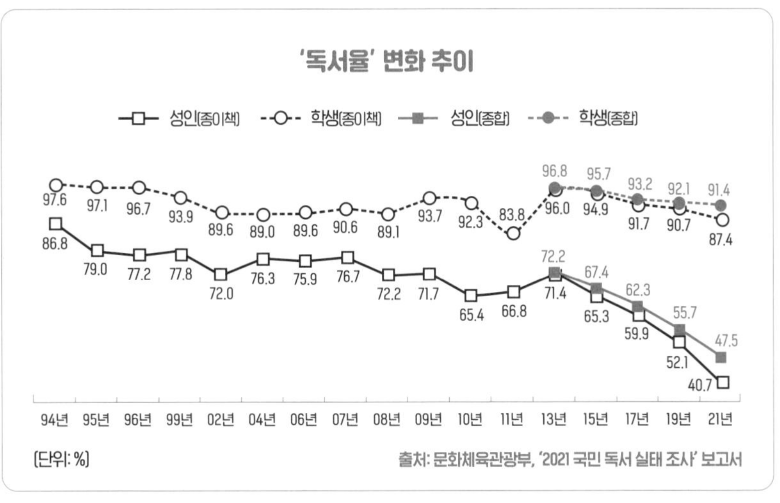

원인과 결과는 많은 경우 순서가 뒤바뀔 수 있다. 독서를 너무 안 하니 결과적으로 스마트폰에 집중하게 되고, 또 스마트폰을 일상에서 많이 사용하다 보니 결과적으로 책 읽을 시간이 없어지는 악순환이 되풀이된다. 인구가 5,000만 명인데 영화 관객 1,000만 시대라는 현상도 한국인의 뇌가 이미 '독서 뇌'에서 스마트폰이나 게임, 영화에 최적화된 '디지털 뇌'로 급변했음을 대변한다.

스마트폰을 하루에 네 시간 이상 사용하는 한국인이 독서할 시간도 여력도 의지도 없는 것은 당연한 일이다. 지하철이나 식당에서 무심코 스마트폰을 보는 시간을 합치면 하루 평균 네 시간 정도가 된다고 한다. 그 절반인 두 시간만이라도 책을 본다면 한국 사회는 달라질 것이다.

앞서 말했듯이 독서할 때 전두엽은 활성화된다. 독서를 통해 뇌 속에 들어온 단어와 단어, 문장과 문장을 연결하고, 상황들을 추리하고, 새로운 이미지를 상상하고, 새로운 스토리를 연결하고 융합시키며 분석하고 판단을 내리고 새로운 사고를 하느라 전두엽은 그야말로 최대로 가동되고, 저절로 집중하게 된다.

바로 이때 뇌 가소성이 폭발적으로 증가하게 되고 신경망 연결이 왕성하게 진행된다. 그래서 독서를 많이 하는 사람은 뇌가 늙지 않고 오히려 젊어지는 것이다. 바로 이런 이유에서 독서를 많이 한 옛 학자들은 평균 수명이 마흔밖에 되지 않던 시대에 칠팔십 세를 쉽게 넘길 수 있었던 것 아닐까?

QUANTUM READING SKILL

2장

독서 천재들은 눈으로 읽지 않는다

책은 하나의 작은 세계다. 그 세계를 접함으로써
우리는 사유하고, 위안과 지혜와 통찰력을 얻게 되고,
꿈꾸는 법을 깨닫고, 밝은 내일을 설계할 수 있다.

|《48분 기적의 독서법》, 김병완|

초등학생 수준으로 읽는 대학생들

"대학은 다니지만, 읽기는 여전히 초등학교 6학년 수준에 머물러 있다."

1939년 컬럼비아 사범대의 제임스 메셀 교수는 '학교 교육의 실패'라는 글에서 충격적인 사실을 인정했다. 미국 대학생들이 단순한 소설류는 재미있게 읽지만, 신중하고 절제된 논쟁이나 비평이 필요한 문단은 멀리하고 꺼려한다고 말이다. 학생들은 고등학교를 졸업할 때까지 상당히 많은 책을 읽고 대학에 가면 더 많은 책을 읽지만, 읽기 수준은 여전히 초등학교 6학년 수준이라고 말했다.

이로 인해 1940년 미국 대학생들의 독서 수준을 높이려는 단 한 가지 목적을 가지고, 시카고대학교의 법철학 교수였던 모티머 애들러는 독서법에 대한 책을 집필한다. 그 책이 바로 독서법의 고전이 된《독서의 기술How to read a book》이다. 이 책은 출간되자마자 순식간에 전미 베스트셀러가 되었고, 여러 나라의 언어로 전 세계에 미친 듯이 번역 출간되었다. 그는 이런 말을 했다.

"모든 책을 똑같은 속도로 똑같이 읽을 필요는 없다. 종류에 따라 책을 다르게, 적절한 속도로 읽는 능력을 갖춰야 제대로 읽는 것이다."

이에 300년 앞서 파스칼 역시 독서에 대해 지나치게 빨리 읽거나 느리게 읽으면 아무것도 이해하지 못한다고 말했다.

한국인들은 후자다. 지나치게 느리게 읽는다. 힘들게 속독법을 배운 몇몇 친구들은 지나치게 빨리 읽는다. 퀀텀 독서법은 적절한 속도인 한 시간에 한 권을 기준으로 제시한다. 퀀텀 독서법 초보자는 두 시간에 한 권, 숙달자는 한 시간에 한 권이라는 적당히 빠른 속도로 읽게 된다. 한국인들의 독서 속도는 머리말에서 말했듯 분당 500~900 글자다. 이 속도는 지나치게 느리다. 현재 출간되고 있는 일반 단행본은 과거에 비해 분량이 갈수록 줄어들고 있다. 중요한 것은 패러다임의 문제다. 한 시간에 한 권 읽기를 너무 거창하게, 어렵게 생각하는 사람이 많다. 그러나 퀀텀 독서법 수업에 참여한 수강생 중에는 속독법을 뛰어넘는 속도로 책을 읽게 된 사람들이 속출한다.

독서에 대한 적당한 속도는 자신의 능력에 따라 정해야 한다. 자신의 최초 독서력보다 3배 향상된 사람이나, 100배 향상된 사람이나,

1,605배 향상된 사람이나 나에게는 모두 같다. 수치는 단순히 빙산의 일각에 불과하기 때문이다.

40대에서 60대, 그 이상의 나이에서 독서 속도와 능력이 단 3주 만에 3배 향상된다는 것이 있을 수 있는 일일까? 40년 이상 굳어져 버린 뇌를 단 3주 만에 바꾸는 일이다. 이것이 과연 가능할까?

속독법 학원들이 왜 초등학생 중심으로 10대들에게 인기가 많은지 아는가? 10대들의 뇌를 바꾸는 것은 정말 쉽기 때문이다. 그러나 퀀텀 독서법은 어른을 대상으로 한다. 물론 10대도 수업에 참여할 수 있고 그 변화되는 정도는 어른과 초격차로 나타난다. 어른들이 10배 향상될 때 10대들은 뒤에 숫자 0이 하나 더 붙는다.

나는 3배 향상된 사람과 300배 향상된 사람, 1,605배 향상된 사람을 동일하게 보는데, 그 이유는 3배나 1,605배 모두 뇌의 기능과 구조가 재편되어야 하고, 뇌 기능이 향상되어야 하기 때문이다. 눈에 보이지 않는 빙산의 몸체는 같은 원리이고 같은 성과다.

그래서 나는 양 페이지 리딩을 달성한 사람이나 100배 이상 향상된 사람들에 대해 크게 놀라지 않는다. 오히려 3배쯤 향상된 사람들을 더 지지하는데, 내가 원한 것은 한 시간에 한 권이지, 5분에 한 권, 1분에 한 권이 아니기 때문이다.

더 중요한 이유는 3배만 향상이 되어도 독서 자체가 훨씬 더 쉽고 편하고 빨라지기 때문이다. 이것이 원래 목표이지 않은가?

눈은 책 읽기에 적합하지 않다

독서를 잘하기 위해서, 혹은 독서 과정을 좀 더 깊이 이해하기 위해서 우리는 먼저 눈과 뇌의 관계를 알아야 할 필요가 있다.

눈을 생각해보자. 눈은 책 읽기에 최적화된 신체기관이 아니다. 눈은 책 읽기를 위해 만들어진 것이 아니기 때문이다.

사실 눈은 인류가 책이라는 것을 발명하고 독서라는 행위를 할 것이라고는 꿈에서조차 상상하지 못했을 것이다. 그렇기 때문에 눈의 입장에서 읽기는 아주 불편하고 부자연스럽고 거북한 활동이다.

우리는 자연을 풍경으로 인식하고 경치를 즐길 수 있다. 그러나 책 읽기는 다르다. 책은 평면의 종이 위에 색깔만 다른 수많은 기호들(글자들)이 끝없이 일렬로 늘어서 있는 구조다.

인간의 눈은 이렇게 평평한 지면 위에 새겨진 색깔반 나른 (일반적으로 바탕은 흰색, 글자는 검은색) 글자들을 순차적으로 잘 따라 읽을 수 없다. 다만 그렇게 하고 있다고 스스로를 속여왔을 뿐이다.

우리의 눈동자는 우리가 인식하지 못한 사이에 수도 없이 자유롭게 움직인다. 눈의 움직임은 그야말로 순식간에 달라지기 때문에 우리는 의식하지 못한다.

그뿐만 아니라 우리 눈은 어떤 형태를 그대로 따라 움직이는 것이 불가능한 장기다. 이것을 이해한다면 한 글자씩 차례로 읽는다는 것이 얼마나 비효율적인지를 곧바로 깨닫게 된다.

우리의 눈이 독서에 최적화된 도구가 아니라는 사실을 알기 위해서 간단한 실험을 해보자. 실험을 위해서는 또 다른 한 사람(관찰자)이 필요하다. 먼저 자신의 눈동자를 잘 관찰해줄 것을 관찰자에게 부탁한 후 거대한 책을 상상하고, 그 책을 한 글자씩 차례로 읽어본다.

관찰자에게 눈동자가 한 줄씩 그대로 잘 따라가며 책을 읽었는지 물어보라. 관찰자는 매우 당황스러운 대답을 할 것이다. 눈동자가 마음대로 왔다 갔다 했다고 말할 것이 확실하기 때문이다.

이번에는 또 다른 실험을 해보라. 관찰자에게 손가락으로 책의 한 줄처럼 왼쪽에서 오른쪽으로 한 줄을 그으라고 말하고 그 손가락을 눈으로 그대로 따라가보라. 그리고 눈동자의 움직임에 어떤 차이가 있었는지 물어보라.

관찰자는 이번에도 놀라운 대답을 할 것이다. 눈동자가 매우 안정적으로 한 줄씩 잘 따라왔다고 말할 것이기 때문이다.

우리 눈은 입체적인 풍경을 보는 것에 최적화되어 있다. 그러나 책은 2차원 평면 위에 하얀 지면과 검은 글자가 동시에 있을 뿐만 아니라 수많은 글자가 줄을 맞추어 순서대로 늘어서 있다.

눈의 입장에서는 아주 피곤한 상황이 아닐 수 없다. 바로 이렇기 때문에 손가락이나 볼펜으로 빠르게 한 줄을 따라가면서 읽으면 훨씬 더 빨리 쉽게 읽어 내려갈 수 있는 것이다.

독서를 잘한다는 것과 눈으로 책을 빨리 읽을 수 있다는 것은 전혀 다른 문제다. 눈으로 책을 빨리 읽는 사람들의 가장 큰 문제는 사고력이 달라지지 않는다는 것이다. 눈으로 그저 텍스트를 빨리 뇌에 주입시키고, 이해해버리고, 그것이 독서라고 착각한다.

그러나 독서를 잘한다는 것은 한 권을 읽어도 1만 권을 읽어도, 한 시간을 읽어도 단 10분을 읽어도, 읽었다면 반드시 생각이 확장되고 의식이 달라지는 것을 말한다.

우리의 눈은 독서를 위해 만들어지지 않았지만, 우리의 뇌는 독서에 가장 최적화된 장기다. 그래서 독서를 하면 눈은 빨리 피곤해져 지치지만 뇌는 더욱 활력을 얻는다. 뇌의 최대 기능인 사고의 영역이 새로운 세상으로 끊임없이 확장되기 때문이다.

눈으로만 책을 빨리 읽는 사람과 생각하면서 책을 읽는 사람은 매우 다른 인생을 살게 된다. 전자는 독서를 통해 아무런 효과도 얻을 수 없겠지만, 후자는 인생이 송두리째 달라지는 시점을 맞이하게 될 것이다.

유대인들은 지적 능력이 그리 우수한 편이 아니다. 그러나 그들은 생각하면서 독서를 할 줄 아는 민족이다. 그리고 그 결과는 상상을 초월한다. 적은 인구에 비해 유대인의 업적과 성과는 놀랍기만 하다.

세계 억만장자 200명 중에 30퍼센트, 노벨상 수상자들 중에 30퍼센트가 유대인이며, 인류의 문화와 문명 중 50퍼센트 이상이 유대인들의 머리에서 나온 아이디어다.

스티븐 스필버그, 하워드 슐츠, 로스차일드, 조지 소로스, 루퍼트 머독, 피터 드러커, 워너 브라더스, 마크 저커버그, 스티브 잡스, 아인슈타인 등 세계적으로 영향력을 떨친 사람들 중 상당수가 유대인이라는 사실이 이를 증명한다.

독서 천재들의 독서법

조선 시대만 해도 우리나라에는 일본보다 훨씬 더 뛰어난 독서 고수들이 많았다. 그래서 우리 선조들의 독서법에 내가 그렇게 집착하는 것인지도 모른다.

우리 선조의 독서법의 특징은 다양하고 무궁무진하다는 데 있다. 그리고 나름대로 각각의 독서법이 매우 효과적이다.

독서를 통해 가장 큰 효과와 성과를 본 인물을 꼽으라면 단연 다산 정약용 선생이다. 다산 선생이 사용했던 독서법은 초서 독서법이었다. 나도 이 방법을 쓴다. 그래서 평소 책과 강연에서 초서 독서법에 대해 강조하고, 성과가 입증해주는 독서법이라고 자신 있게 말할 수 있다.

그러나 독서법에는 정답이 없다. 만병통치약 같은 것은 없다. 전 세계 70억 인구가 다 다르기 때문이다. 우리 선조들의 무궁무진한 독서법 중 하나를 더 소개하자면 백수 양응수 선생의 '허심평기虛心平氣' 독서법을 소개하고 싶다. 이 독서법은 백수 양응수 선생뿐만 아니라 퇴계 이황, 율곡 이이, 우계 성혼 등을 비롯해 여러 학자들이 독서를 할 때 지침으로 삼았던 독서법이다.

《백수선생문집》〈위학대요〉 하편을 보면 허심평기 독서법에 대해 설명해놓은 대목이 나온다.

> **"독서는 먼저 마음을 비우고 기운을 평온케 하며, 익숙하게 읽고 정밀하게 생각해야 한다.**
>
> …
>
> **책을 볼 때는 다만 마음을 비우고 기운을 평온하게 하여 서서히 의리가 있는 곳을 살펴야 한다."**

마음을 비운다는 것은 책을 수단으로 삼아서 읽지 않는다는 뜻이다. 누군가에게 잘 보이기 위해서, 작가가 되기 위해서, 경영을 잘하기 위해서, 돈을 벌기 위해서, 심지어 인생을 잘 살기 위해서도 독서를 하지 말라는 것이다. 순전히 책이 목적이 되어, 모든 욕심과 집착을 버리고 순수하게 책을 읽고 책에 빠져들라는 말이다.

선조들이 권장했던 독서법이 허심평기 독서법이라면, 경계했던 독서법에는 어떤 것이 있을까?

백수 선생이 가장 경계했던 독서 자세는 유유자적하며 느긋하고 여유 있게 책을 보는 방법이다.

'독서는 마땅히 조용히 완미해야 한다'라고 말하는데
이것은 곧 스스로를 나태하게 만드는 일이다.

•《백수선생문집》〈위학대요〉 하편 •

이 말은 독서를 할 때는 혼신을 다해서 집중해야 하며, 느긋하게 유유자적하며 독서를 해서는 안 된다는 것을 강조하는 말이다. 심지어 백수 선생은 독서는 장군이 군대를 몰아쳐서 거세게 공격할 때처럼 해야 한다고 말하기도 했다. 맹렬한 기세로 전심과 전력을 다해서 해야 한다는 것이다.

나는 이 주장에 100퍼센트 공감한다. 하루 종일 여유롭고 느긋하게 책을 보는 사람과 한 시간이라도 혼신을 다해서 목숨을 걸고 맹렬하게 책을 읽는 사람은 분명 다를 것이다.

우리나라보다 일본에 독서 천재가 많은 이유

일본에는 독서 천재도 많고 1만 권 이상 독파했다고 하는 이들도 적지 않다. 일본의 독서량과 질이 우리보다 앞서는 이유는 무엇일까?

첫째, 우리가 잘 알고 있듯이 일본 정부는 근대화 과정에서 의도적으로 독서 국민을 키웠다. 둘째, 일본의 책들이 대부분 가로가 아니라 세로쓰기 형식이라는 점이다.

독서는 눈으로만 하는 행위가 아니다. 뇌로 하는 행위이고, 복잡하며 지적인 행위다. 그런데 시공간이 달라지면 뇌의 인식 반응도 달라진다는 것을 아는 사람은 많지 않다. 동일한 내용의 책일지라도 가로쓰기로 된 책과 세로쓰기로 된 책을 읽을 때, 읽는 속도와 이해력, 집중력, 몰입도 등에서 차이가 날 것이라고 나는 생각한다.

독서혁명 프로젝트의 스킬 중 몇 가지는 시공간 자극을 통해 뇌의 인식 반응을 향상시키는 것이다. 그 스킬의 효과를 잘 알고 있기 때문에 일본의 책들이 가로쓰기가 아니라 세로쓰기로 되어 있다는 점을 간과할 수 없다.

이 사실을 바로 확인하고 싶다면 지금 당장 이 책을 45도나 90도 기울여서 독서를 해보라. 처음에는 적응이 되지 않겠지만 45도 정도 살짝 기울여서 그 상태로 독서를 하면 뇌의 인지 반응이 분명하게 달라지는 것을 경험하게 될 것이다.

가로쓰기로 된 책을 평생 읽는 국민과 세로쓰기로 된 책을 평생 읽는 국민은 뇌의 인지 반응 속도와 정도에서 반드시 차이가 날 수밖에 없다. 그리고 그것에 익숙해진 사람들의 뇌는 격차가 발생한다.

그렇다면 가로 읽기와 세로 읽기의 차이는 무엇일까?

가로 읽기는 눈동자가 왼쪽에서 오른쪽으로 이동한다. 그러나 세로 읽기는 눈동자가 위에서 아래로 내려오면서 이동한다. 뇌의 입장에서는 굉장한 차이가 난다. 의학적으로, 뇌과학적으로 살펴보면 그 차이를 알 수 있다.

아주 작은 차이지만 분명 차이가 있다. 그 차이가 아주 미세하다고 해도, 100권, 1,000권을 읽고, 수십 년을 읽게 되면 축적이 되어 큰 차이가 날 수밖에 없다.

눈동자의 위치와 뇌의 사고 활동이 도대체 무슨 상관이 있다는 말인가? 깊이 따져 보면 상관이 있다. NLP(신경언어학 프로그래밍)에서는

'눈동자 접근 단서'라는 것이 있다. 사람들이 정보를 받아들일 때 그 사람이 어떠한 정보에 접근하는지, 엄밀하게 말하면 뇌가 어떠한 정보에 접근하고 있는지를 눈동자의 위치로 알 수 있다는 것이다. 즉 상대방의 심리를 파악하고 싶다면 눈을 보면 알 수 있다.

과거의 기억을 회상할 때는 눈동자가 왼쪽을 향한다. 그리고 아직 오지 않은 미래를 상상하거나 예측할 때는 눈동자가 오른쪽을 향한다. 뇌가 시각적 이미지를 떠올릴 때는 눈동자가 위쪽에 위치한다. 뇌가 감정과 느낌과 관련되어 내적 독백의 활동을 할 때는 눈동자가 아래쪽을 향하게 된다. 이러한 것들을 통해 상대방의 심리를 알 수 있고 대화를 좀 더 효과적으로 이끌 수 있다는 것이다.

오래전부터 '눈은 마음의 창'이라고 했다. 눈을 보면 그 사람의 내면을 알 수 있다는 말이다. 상당히 근거가 있다. 눈과 뇌는 직접적으로 연결되어 있기에 뇌의 변화는 곧 눈동자에 영향을 주고, 반대로 눈의 움직임 또한 직접적으로 뇌의 활동과 기능에 영향을 준다.

미국 뉴저지 주 리처드 스톡턴 칼리지의 심리학 연구팀은 62명의 지원자를 대상으로 눈 운동이 뇌의 사고력을 향상시킨다는 것을 증명해냈다. 2009년 미국 시사주간지 〈뉴스위크〉에 이 같은 내용의 기사가 보도된 바 있다.

또한 영국의 맨체스터 메트로폴리탄대학교는 눈 운동이 학습 능력을 향상시킨다는 것을 발견했다. 이 연구팀의 책임자인 앤드루 파커 박사는 눈동자를 30초 동안 수평으로 움직이기만 해도 그렇게 하지 않았을 때보다 훨씬 더 많은 단어를 인식하는 데 큰 도움이 된다는 사실을 발견했다.

자, 좌우 양 옆으로 눈동자를 30초 동안 움직인 후 책을 한번 보라. 어떤가? 그리고 이번에는 위 아래로 눈동자를 30초 동안 움직인 후에 책을 보라. 어떤가? 분명 뇌의 입장에서는 큰 차이가 있다.

책 뒤에 숨어 있는 내용을 보다

경험이 많은 사람은 독서를 할 때 두 눈으로 본다. 한 눈으로 책에 쓰인 글을 보고 다른 한 눈으로 책 뒤에 숨겨진 내용을 보는 것이다.

• 괴테 •

평생 100여 권 이상의 책을 집필했던 천재 괴테의 이 말을 간과해서는 안 된다. 독서 고수들은 바로 이렇게 독서를 한다. 독서는 책의 내용만 알게 되는 것으로 끝나서는 안 된다. 한 권의 책이 마중물이 되어서 더 깊고 넓은 세계로 들어가는 작은 문이 되어야 한다.

어떤 독서가들은 책 안에 담겨 있는 내용만 보고, 배우고, 익힌다. 그러나 어떤 독서가들은 책 안에 담겨 있는 내용을 발판으로 삼아 매우 높게 도약하며 책 뒤에 숨겨진 내용은 말할 것도 없고 책에 담겨 있지 않은 내용까지 깨닫게 된다.

바로 이것이 독서 천재와 일반 독서가의 가장 큰 차이이다.

독서 천재는 책 속의 내용과 범위를 쉽게 뛰어넘어 그 책의 수준을 초월해버린다. 다시 말해서 독서 천재는 자신이 읽은 책의 가치를 서너 배 높여버린다. 그래서 그들은 이런 말을 자주 한다.

"정말 좋은 책이야."

"우와, 이 책에서도 많은 것을 배웠어."

"정말 세상에는 시시한 책이란 없는 것 같아."

그러나 독서를 못하는 사람일수록 아무리 위대한 고전을 읽어도 다음과 같은 말을 쉽게 자주 한다.

"왜 이 책이 고전인지 알 수가 없어!"

"위대한 고전이라는데…… 배울 게 별로 없어!"

"고전조차도 내게는 시시한 책에 불과해!"

독서력과 독서를 통해 얻을 수 있는 것들은 정비례한다. 즉 독서력이 높을수록 배우고 얻는 것이 많아진다. 독서력이 고수 수준이면 어떤 책을 읽어도 다른 사람들보다 서너 배 혹은 몇십 배 이상의 것을 배우고 얻을 수 있다. 그러나 독서력이 초보 수준일수록 어떤 책을 읽어도 배우는 것은 별로 없다.

독서 초보는 책을 읽어도 피상적인 것만 읽는다. 그러나 독서 천재들은 책 속에 숨은 내용까지도 함께 읽는다. 그래서 똑같은 책을 읽어도 배우고 얻는 것이 천차만별이다.

《주역》이라는 책을 평생 읽어도 어떤 사람은 큰 교훈을 얻지 못한다. 그저 점치는 방법만 배울 뿐이다. 그러나 어떤 이는 5년을 붙들고 읽어 지천명을 깨닫는 경지에 오르게 된다. 바로 공자의 이야기다.

공자는 40대 중반까지도 '집 잃은 개'라는 별명이 생길 정도로 하는 일마다 성공을 거두지 못했다. 중국 전역을 떠돌아다녔지만 가는 곳마다 늘 문전박대를 당해야 했다. 이렇게 비루했던 공자를 성인의 반열로 도약시킨 책이 바로《주역》이었다.

40대 중반부터 공자는《주역》에 빠져들었는데 그 책을 5년 동안 수십 번, 수백 번, 수천 번, 수만 번 읽고 또 읽었다. 그래서 '위편삼절韋編三絶(공자가《주역》의 가죽 끈이 세 번이나 끊어질 정도로 읽었다는 뜻으로, 책을 열심히 읽음을 이름)'이란 고사를 탄생시키기도 했다. 5년 동안의《주역》탐독이 지금의 공자를 만들어냈다고 나는 생각한다.

그러나 똑같은《주역》을 읽어도 아무것도 얻지 못하는 사람이 많다. 결국 책을 잘 읽는다는 것은 책 속에 숨은 더 큰 지혜를 남들보다 더 잘, 더 많이 캐낸다는 것을 의미한다.

독서는 창조적 재구성이다

독서 전문가들은 초기에 독서에 대해 매우 단순한 생각을 가지고 있었다. 즉 독서란 독자가 텍스트의 내용을 기계적으로 받아들이는 것을 의미했다. 그러나 스키마schema 이론이 확대되면서 독서는 독자가 능동적이고 창조적으로 의미를 발견하고 재구성하는 것으로 인식하기 시작했다.

독서가 그저 문자 해독의 수준에 그치는 것이 아니라 새로운 것을 발견해나가는 창조의 과정이라는 사실에 대해 눈을 뜬 것이다. 독서는 일반적인 수용 과정이 아니라 능동적인 상호작용이며 책 속에서 새로운 것을 만들고 발견해나가는 과정으로 도약하게 되었다.

내 경우를 보면 500권까지 책을 읽었을 때는 책의 내용을 수용하는 과정이 대부분이었다. 그러나 독서량이 500권을 넘어서자 어느 정도 능동적인 상호작용이 가능하게 되었고 1,000권에서 3,000권 사이의 책을 읽을 즈음에는 세상 모든 것을 알고 있는 듯한 느낌을 받게 되었다. 바로 이때가 가장 위험한 순간이다. 세상에서 책을 읽은 자신이 제일 똑똑한 것처럼 여겨지기 때문이다. 그러다 5,000권 넘게 읽은 순간 다시 생각이 겸손해지고 지금껏 쌓았던 지식과 정보가 비워지며 마음이 유연해졌다.

우리가 내용이 상반되는 서로 다른 많은 책을 읽어야 하는 이유가 바로 여기에 있다. 독서는 기계적인 수용 과정이 아니라 창조적인 활동 과정이기 때문이다.

뭔가를 융합하고 엮어서 새로운 무엇인가를 발견하고 만들어내고 재구성하기 위해서는 반드시 재료가 풍부해야 한다. 뇌 속에 저장된 기존 지식, 즉 재료가 바로 스키마다. 스키마가 풍부하고 다양할수록 재구성의 폭과 질이 넓고 깊어진다. 뇌가 최대한 가동될 수 있게 해주는 것도 바로 스키마다.

그러나 단순히 뇌 속에 재료, 즉 지식과 정보가 많다고 해서 기계적인 수용이 창조적인 재구성으로 저절로 바뀌는 것은 아니다. 스키마가 아무리 많이 있는 사람이라고 해도 평생 기계적인 수용만 하는 독서 초보 수준에 머물러 있는 사람도 적지 않다. 반대로 지식과 정보가 많지 않음에도 일찍부터 기계적인 수용 수준을 훨씬 뛰어넘어 창조적인 재구성을 하는 이도 많다.

전자는 아무리 많은 책을 읽어도 삶에 응용할 수 없기 때문에 인생이 극적으로 달라지지 않는다. 그러나 후자는 적은 양의 책을 읽어도, 심지어 단 한 권의 책을 읽어도 삶에 쉽게 활용할 수 있게 되고 그래서 인생이 달라진다.

실제로 독서는 수동적이고 기계적인 행위가 아니라 인간이 할 수 있는 최고의 적극적이고 능동적인 활동이라는 것이 뇌과학을 통해 밝혀졌다. 독서를 하게 되면 뇌의 물리적 회로가 실제로 바뀐다는 것을 뇌과학자들이 밝혀낸 것이다. 이는 독서가 내면의 세계를 창조하고 재구성할 뿐만 아니라 독서하는 이의 물리적 뇌의 구성과 조합마저도 창조하고 재구성한다는 것을 뜻한다.

이 얼마나 위대한 일인가? 바로 이런 이유 때문에 영국을 대표하는 역사가이자 비평가인 토머스 칼라일은 다음과 같은 말로 책을 찬양하고 칭송했다.

인간이 만든 가장 소중하고 경이롭고 값진 발명품은 바로 책이다.

• 토머스 칼라일 •

그렇다. 책은 인간이 만들지만 인간이 만든 그 책은 다시 인간의 뇌를 재창조하고 재구성해준다. 그래서 인간은 책을 만들고, 책은 인간을 만든다는 말이 생겼는지도 모른다. 이렇듯 책은 인류 역사상 가장 경이로운 발명품인 것이다.

책과 하나가 된다

'몰입flow'의 세계적 권위자 미하이 칙센트미하이 교수는 《몰입의 재발견》에서 몰입의 최고 단계는 자신을 초월하여 의식하지 않는 단계라고 밝힌 바 있다.

자기 자신을 덜 의식하면 할수록 정신 에너지를 더 집중할 수 있고, 더 몰입할 수 있게 된다는 것이다. 몰입의 최고 단계가 되면 더 이상 자신은 자신이 아니다. 대상과 하나가 되어 자기 자신은 온데간데없고 대상만 남게 된다.

정말 대단하다. 더는 내 손가락이나 악보나 건반이 눈에 들어오지 않고, 오직 감정만 존재한다. 감정이 손가락을 통해 나온다.

그리고 나는 음악과 하나가 된다.

음악이 바로 내가 느끼는 것이기 때문이다.

• 미하이 칙센트미하이, 《몰입의 재발견》 •

심지어 몰입 상태에 있는 사람들은 환희에 젖어 자신이 존재하지 않는 듯한 경지에 이르기도 한다. 피아노 연주자들은 자기 자신과 무관하게 손이 움직이고, 자기 자신과 무관하게 연주가 되고 있다는 것을 느끼기도 한다.

이렇게 몰입을 잘할 수 있게 해주는 행위 중 하나가 바로 독서다. 그래서 옛날 사람들은 '독서 삼매경三昧境' 혹은 '독서 삼매三昧'라는 말을 자주 사용했다. '독서 삼매'란 오직 독서하는 한 가지 일에만 모든 정신과 마음을 집중한 상태를 말한다.

책과 온전히 하나가 되어본 적 있는가? 책과 그 책을 읽는 자기 자신 외에는 이 세상에 아무것도 존재하지 않는 듯한 신비로운 체험을 해본 적 있는가? 책을 온종일 읽어도 피곤하지 않고 읽을수록 에너지가 넘치는 느낌을 경험한 적 있는가? 식사 시간을 훨씬 넘겨도 배가 하나도 고프지 않고 시간이 너무 빨리 휙휙 지나가는 것을 경험해본 적 있는가? 새로운 책을 읽을 때마다 가슴이 설레고 흥분되는 것을 느껴본 적 있는가? 책만 읽고 싶다는 생각이 너무나 강하게 들어 다른 무엇을 포기해본 적 있는가? 세상의 그 어떤 것도 책 읽기를 방해할 수 없다는 강한 신념을 가져본 적 있는가?

독서 천재와 독서 초보의 가장 큰 차이는 '책과 얼마나 하나가 될 수 있느냐' 하는 데 있다. 독서 천재는 자주, 쉽고 깊게 책과 하나가 될 수 있다. 그러나 독서 초보는 절대로 책과 하나가 되지 못한다. 그 길을 모르고, 그 방법을 모르고, 그 상태를 경험해보지 못했기 때문이다.

아우구스티누스의 스승인 암브로시우스가 책을 읽을 때에는 그의 곁에 감히 누구도 접근조차 할 수 없었다고 한다. 손님들도 예외가 아니었다. 그는 마치 책장을 뚫어버릴 듯한 기세로 책과 하나가 되어 독서하기로 유명했다.

우리 선조들도 이와 다르지 않았다. 규장각에 걸려 있는 현판의 글귀는 '객래불기客來不起'다. 이 말의 의미는 매우 심오하다. 규장각 선비들이 책을 읽을 때는 손님이 들어와도, 심지어 왕이 들어온다고 해도 책에서 눈을 떼지 않고 일어서지 않는다는 뜻이다.

독서를 할 때 중요한 것은 온 마음과 정신과 뜻을 책에 집중하는 것이다. 눈으로만 읽고 마음은 다른 곳에 가 있어서는 안 된다. 이렇게 집중해야 책과 오롯이 하나가 될 수 있다.

이러한 책 읽기 자세를 강조한 선조가 바로 담헌 홍대용이다. 그는 《여매헌서與梅軒書》에서 독서의 자세를 강조했다.

"책을 볼 때에는 한갓 눈만 책에 붙이고 마음을 두지 않으면 또한 이득이 없다.
정신을 한데 모아 책에 쏟아붓는다. 이렇게 하기를 계속하면 의미가 나날이 새롭고, 절로 무궁한 온축이 있게 된다."

다산 정약용도 두 아들에게 책을 마구잡이로 읽어 내려가서는 하루에 백 번, 천 번 읽어도 읽지 않는 것과 다를 바가 없다는 것을 강조했다. 책에 의식을 집중해서 읽는 것과 그냥 읽어 내려가는 것은 하늘과 땅 차이라는 것이다.

진정한 독서 천재들은 책을 읽을 때 항상 온 마음과 뜻과 정성을 한데 모아 의식을 집중해서 읽는다. 책이 곧 온 우주이기 때문이다. 그러나 독서 초보일수록 책과 마음과 정신과 뜻이 제각각이다. 따로 뿔뿔이 흩어져서 눈만 책을 읽고 다른 것들은 책 외의 것에 둔다. 그래서는 절대로 책과 하나가 될 수 없다.

3장

책,
제대로 읽는 법은
따로 있다

읽은 책이 한 권이면 한 권의 이익이 있고,
하루 종일 글을 읽었다면 하루의 이익이 있다.

| 과문철 |

현대 뇌과학이 밝히는 독서 원리

책을 읽는 뇌와 인터넷을 보는 뇌는 다르다. 구조와 기능이 전혀 달라진다. UCLA 정신의학과 교수 개리 스몰은 이 사실을 발견한 최초의 학자 중 한 명이다. 웹 페이지를 읽을 때와 책을 읽을 때 그 차이는 무엇일까?

책을 읽을 때는 전전두엽이 활성화되지 않는다. 그래야 텍스트를 인지하고 이해하는 독서의 본질에 더 충실한 부분이 활성화되기 때문이다. 그러나 인터넷을 볼 때는 책을 읽을 때와 달리 전전두엽이 집중적으로 활성화된다는 사실을 발견했다. 전전두엽은 의사 결정을 할 때 활성화되는데 불필요하게 인터넷을 볼 때 너무 많이 활성화되기 때문에, 텍스트의 이해와 인지 능력 그리고 부가적인 기억력을 저하시키는 요인이 되었다. 즉 책을 읽고 있을 때와 온라인상의 글을 읽고 있을 때, 우리 뇌의 기능과 구조, 시스템은 전혀 달라진다는 사실을 뇌과학이 밝혀낸 것이다.

이 사실을 개리 스몰이 최초로 발견한 것은 아니다. 인터넷의 아버지, IT 미래학자로 불리는 니콜라스 카는 이런 현상을 이미 예측하고 발견했다. 그는 인터넷을 하는 것과 독서를 하는 것의 차이를 아주 재미있게 표현했다.

'인터넷은 제트 스키를 탄 사내처럼 겉만 훑고 내려가는 것'이라고 표현한 것이다. 바꿔 말해 인터넷을 자주 하는 것은 독서를 제대로 할 수 없게 만든다. 인터넷을 자주 할수록 불필요한 전전두엽을 활성화시키기 때문에, 신경이 분산되고 주의가 산만하게 된다. 이로 인해 정작 텍스트 읽기와 인지에 온전히 집중하지 못하게 되는 것이다.

인터넷을 많이 하는 사람은 온전한 독서를 할 수 없는 뇌로 바뀐다. 인터넷의 가장 나쁜 피해는 시선이 그냥 텍스트를 쭉 따라 내려가면서, 이해나 인지 작용 없이 눈으로 글자만 보는 난독의 초기 증상까지 갈 수 있다는 사실이다.

인터넷과 스마트폰의 출현으로 평범한 사람들이 난독증에 가깝게 전락하고 있는 것이다. 인터넷이 뇌를 바꾸는 것처럼 독서도 뇌를 바꾼다. 독서를 많이 할수록 뇌는 더 복잡하고 더 효율적인 네트워크를 만들고 활성화시킨다.

캐나다의 한 연구팀은 70명의 사람들에게 단편소설을 읽도록 했다.

한 그룹은 일반 문서로 읽었고, 다른 한 그룹은 링크가 있는 하이퍼텍스트(인터넷)로 글을 읽게 했다. 일반 문서로 읽은 그룹에서는 10퍼센트 정도만 읽기의 어려움을 토로했다. 그러나 하이퍼텍스트로 글을 읽은 그룹은 더 오랫동안 읽었음에도 내용을 정확히 이해하지 못했고, 75퍼센트가 읽기의 어려움을 표현했다.

독서는 뇌가 새로운 것을 배우고 익혀 스스로를 재편성하는 과정이다. 이 과정에 가장 큰 걸림돌이 인류의 발명품인 인터넷과 스마트폰이라는 사실은 아이러니하다. 인류 최고의 발명품인 독서를 또 다른 최고의 발명품이 발목을 잡는 꼴이기 때문이다.

피츠버그대학교의 인지과학자 찰스 퍼페티와 그의 동료들은 뇌의 일부를 '보편적 독서 시스템'이라 최초로 명명했다. 그 부위는 전두엽, 측두-두정엽, 후두엽 부위를 연결하는 엄선된 영역이다. 이들은 연구를 통해 인류 문자 체계의 진화에 대해 중요한 결론을 도출했다. 그 결론을 요약하면 이렇다.

어떤 언어로든 독서를 할수록 뇌의 길이와 너비가 재편성된다. 그리고 독서 능력은 다양한 뇌의 정보원이 연결하고 통합하는 뇌의 능력에 비례한다. 이때 시각 영역과 언어 및 개념 영역의 정보원이 중요하다. 그리고 이러한 통합 능력은 각 부위와 연합 영역 성숙도의 속도에 좌우되고, 이 속도는 뉴런의 미엘린myelin화에 따라 달라진다고 한다. 미엘린이 시냅스를 두껍게 둘러쌀수록 뉴런은 전기 신호를 더 빠르고 효율적으로 전달할 수 있다.

어떤 기술을 배우든 처음에는 아주 많은 양의 힘과 노력이 필요한 이유가 이것이다. 그러나 익숙해질수록 뉴런의 경로, 뇌의 네트워크 시스템은 간결하고 능률화된다. 곧 미엘린이 많아지고 두꺼워졌다는 말이다.

퀀텀 독서법의 다양한 훈련 스킬은 이 미엘린을 두껍게 만드는 데 최적화된 독서 기술이라 할 수 있다. 미엘린에 대해서는 6장에서 좀 더 자세히 설명하겠다.

비효율적인 독서법이 문제다

라스베이거스에서 상상을 초월하는 확률로 잭팟을 터뜨리는 바람에 아예 카지노 출입이 통제된 사람이 있다. 바로 세계 기억력 챔피언십에서 8회나 우승을 기록한 도미니크 오브라이언이다.

그는 세계 최고의 기억력을 가진 사람이다. 그가 쓴 책에 보면 놀랍게도 왜 사람들이 책을 읽는 속도가 그다지도 느린지에 대한 명쾌한 주장을 발견할 수 있다.

인간의 눈은 이론적으로 매초 1,500단어, 매분 9만 단어를 읽을 능력이 있다고 한다. 그런데 현재 인류의 평균 독서 속도는 매분 200단어에서 250단어 정도에 지나지 않는다. 그렇다면 도대체 매분 8만 9,800단어는 어디로 사라진 것일까?

그가 주장하는 한 가지 결정적인 이유는 사람들이 눈과 뇌를 쓰는 대신에 혀를 써서 음독하는 독서법을 배웠기 때문이다.

그러나 내가 연구한 결과, 이 말은 완전하게 틀린 말이라는 결론을 내렸다. 인류의 독서 패턴은 15세기를 전후해서 급격하게 변하게 되며, 잘 살펴보면 이러한 주장이 근거가 없음을 쉽게 알 수 있다.

인류의 독서 패턴 변화에 대해서는 바로 다음에 논의를 계속할 것이다. 그 전에, 인류가 이렇게 읽기만 하는 바보가 된 이유에 대해 얘기해보자. 그 이유는 너무나도 비효율적인 독서법 때문이다.

독서법을 약간만 바꾸어도 독서를 좀 더 많이 깊게 할 수 있을 뿐만 아니라, 의식과 사고가 향상될 수 있다. 의식과 사고가 향상되면 인생이 달라지는 것은 시간 문제다. 그런데 왜 사람들은 독서법을 바꿔보려고 시도조차 하지 않은 것일까?

인간의 본능 때문이다. 인간은 쉽고 편한 것을 좋아한다. 우리의 뇌도 역시 쉽고 편한 것을 좋아한다. 그래서 일을 해도 쉽고 편한 일만 계속 하려고 하고, 사람을 만나도 쉽고 편한 사람만 계속 만나려고 한다. 음식점에 가도 쉽게 갈 수 있는 곳에 자주 가고, 길도 쉽게 갈 수 있는 길로만 간다. 그래서 친구가 생기는 것이고, 단골집이 생기는 것이다.

뇌의 이러한 특성은 독서를 할 때도 작용한다. 독서법을 한 번 뇌에 각인시키면 그것의 효율성 여부와는 상관없이 계속 그 방법을 고수하게 되는 것이다. 결국 우리는 한 번 잘못 자리잡힌 비효율적인 독서법을 계속 유지하게 된다. 그 결과 더는 독서력 향상을 기대하기 힘들어진다. 평생에 걸쳐 책을 읽어도 더 발전하지 않는 것은 대부분 이러한 이유 때문이다.

우리의 뇌는 편안한 지대comfort zone를 벗어날 때만 새로운 시냅스들을 형성하게 된다. 즉 불편하고 낯선 행동들을 즐기고 도전할 줄 알아야 발전과 도약이 있다는 말이다. 게다가 우리의 뇌는 직렬 형태로 순차적으로 작동하지 않는다. 복잡한 마인드맵처럼 생각이 연쇄반응을 하듯 작동한다. 우리가 지금까지 해왔던 독서 유형과 전혀 다른 모습으로 움직인다.

독서가 본질적으로 뇌의 활동이라는 점에서 지금까지 우리가 초등학교 시절에 배운 책 읽기는 글자를 처음 배우는 초보자들에게 최적화된 독서법일 뿐, 독서를 오랫동안 한 사람이 유지하기에는 여러 가지 점에서 무리가 따른다. 유럽에서 공부법 돌풍을 일으킨 크리스티안 그뤼닝도 이런 사실에 대해서 자신의 저서를 통해 이렇게 말한다.

뇌는 직렬 형태로 작동하지 않는다. 생각은 직렬적, 논리적 과정을 따르지 않는다. 생각은 매초마다 뇌세포에서 일어나는 수백만 번의 화학 작용들의 결과다. 생각은 연상적인 반응이다. 우리는 이 생각에서 저 생각으로 금세 건너뛴다.

• 크리스티안 그뤼닝, 《공부가 된다》 •

아인슈타인의 말처럼 진정한 독서는 훈련을 통해 몸을 단련하듯 우리의 생각을 단련하는 것이다.

뇌를 전부 사용해서 읽어라

우리 인류가 처음 책을 읽을 때만 해도 모두 전뇌 독서를 했다. 그때만 하더라도 사람들이 책을 읽을 때 묵독을 하지 못하고 소리를 내면서 읽었다. 그러다가 15세기 전후가 되면서 서서히 묵독을 하는 사람들이 생겨났고, 점차 대부분 사람이 묵독을 할 수 있게 되었다.

낭독을 하던 인류가 묵독을 하게 되었다는 것은 매우 큰 의미가 담겨 있다. 먼저 낭독을 하는 경우를 보자. 인간의 시각 신경을 통해 인지된 글자들이 뇌의 후두엽으로 들어간다. 이것을 인지하고 소리를 내기 위해서는 뇌의 측두엽을 움직여야 한다. 그리고 측두엽을 움직여서 소리를 내고, 그 소리와 의미를 통합하여 전두엽에서 생각하고 판단하게 된다. 즉 후두엽, 측두엽, 전두엽 등 뇌의 모든 부분이 활동하게 된다.

그러나 묵독을 하게 되면 후두엽으로 들어온 글자와 의미들이 측두엽을 거치지 않고 곧바로 전두엽으로 들어가게 된다.

결국 전뇌 독서는 부분 뇌 독서로 대체되었다. 그로 인해 독서 속도는 30퍼센트 향상되었지만 집중력, 이해력, 암기력 등은 30퍼센트 이상 저하되고 말았다.

우리의 독서가 수동적이고 소극적이게 된 이유, 그래서 오직 읽기만 하는 바보가 된 가장 큰 이유는 눈으로만 책을 읽는 이들이 많아졌기 때문이다. 우리 선조의 초서 독서법은 독서를 눈으로만 하는 것을 경계했다. 손을 함께 사용함으로써 부분 뇌 독서의 함정에서 벗어났다.

사람이 많은 곳에서는 소리를 내서 읽기가 힘들다. 그런 점에서 초서 독서법은 장소에 구애를 받지 않고 어디서나 쉽게 적용할 수 있는 독서법이다. 그리고 퀀텀 리딩은 눈만을 사용하는 독서에서 벗어나 뇌를 더 자극하고 활용해서 뇌 기능을 극대화시키는 독서로 이끈다는 점에서 기존의 독서 방법과 다르다고 할 수 있다.

글자 하나하나에 매몰되지 마라

글자 하나하나를 차례로 읽어 내려가는 기존의 독서법은 눈과 뇌에 가장 피곤한 방법이다. 특히 뇌가 피곤을 느끼면 최고의 수면제가 된다. 책만 들었다 하면 졸리다고 하는 사람들이 있는데 이는 이상한 일이 아니다.

우리의 뇌는 순차적으로 하나씩 생각하는 시스템이 아니라 전방위적으로 확장되면서 생각하는 통합적인 시스템이다. 독서도 그렇게 해야 한다. 디코딩이 아니라 씽킹이 독서의 본질이기 때문이다. 뇌의 입장에서 한 글자씩 차례로 읽는 것은 뇌를 아주 피곤하게 만드는 가혹 행위다.

속독의 대가 중에는 존 F. 케네디를 비롯하여 루스벨트, 카터, 링컨 등 미국 역대 대통령들도 포함된다. 공식적으로 세계 제일의 속독 대가는 누구일까?《기네스북》에 오른 속독 기록 보유자는 하워드 S. 버그다. 그는 1분 동안에 1만 4,400자를 읽어냈다고 한다. 그의 속독 비법은 글자 하나하나에 매몰되지 않고 사람의 얼굴을 한순간에 확인하거나 주변 풍경을 한순간에 인식하듯 책을 읽는 것이었다.

그런데 이런 능력은 우리에게도 있다. 누구나 경험해봤듯이 우리는 아무리 사람이 많이 몰려 있어도 한 사람 한 사람 살피지 않고 친구나 가족의 얼굴을 재빨리 찾아낸다. 사실 엇비슷한 것들 중에서 원하는 무언가를 재빨리 찾아내는 것은 고도로 훈련된 능력이다. 그런데 우리에게는 이런 능력이 있다. 그럼에도 우리는 책을 읽을 때 이런 능력을 활용하려고 하지 않는다. 그저 오늘도 한 자 한 자 또박또박 책을 읽어 내려가고 있다.

속독의 비결 중 하나는 바로 이것이다. 글자를 한 자 한 자 읽는 것이 아니라 사람의 얼굴이나 풍경을 한순간에 확인하듯 책을 읽는 것이다. 이것을 독서에 적용하고 실천하는 일이 말처럼 쉽지만은 않다. 이때 퀀텀 독서법이 아주 효과적이다.

1시간에 1권 읽기를 목표로 삼아라

"세계문학 250쪽이 넘는 책을 30초면 충분히 읽고 이해한다." (서울 창원초 6학년 유○○ 양)

"230쪽의 책을 20~30초면 다 읽는다." (서울 신관중 3학년 문○○ 양)

이런 친구들은 200~300쪽 분량의 일반 단행본 한 권을 읽는 데 고작 30초면 된다. "세상에 이런 일이?"라고 할지도 모르겠지만, 분명 이런 속독의 달인들이 존재한다. 정말 속독법은 대단한 독서법이다.

그러나 나는 이렇게 빨리 읽는 속독법을 그리 좋아하지 않는다. 즐거운 식사 시간에 차려놓은 맛있는 음식을 단 30초 만에 후다닥 먹어치우는 느낌이 들기 때문이다.

그렇다고 무조건 슬로 리딩을 좋아한다는 것도 아니다. 너무 느리게 읽는 독서도 좋아하지 않는다. 책 한 권 읽는 데 10시간이 걸린다? 내 생각에는 이것도 문제다. 그래서 나는 책 한 권 읽는 데 필요한 적정한 시간을 한 시간으로 잡고 있다.

이것을 나는 부르기 쉽게 '1 Book 1 Hour' 혹은 '1 Hour 1 Book'이라고 말한다. '1H1B'는 기존 속독법에 비해서는 120배 정도 느린 속도이고, 일반 한국인의 독서 속도에 비해서는 10배 정도 빠르다.

너무 빠른 속독은 활자만을 취하는 빈약하고 피상적인 독서로 만든다. 반면에 너무 느린 독서는 우리에게서 다양하고 풍요로운 독서의 즐거움을 앗아간다.

독서는 '딥 씽킹deep thinking'이다. 빈약한 독서가 아니라 풍요로운 독서를 하기 위해서는 딥 씽킹이 필요하다. 딥 씽킹을 위해서는 공감각적 훈련이 필요하고, 더 나아가면 공감각 자체가 필요하다.

그래서 퀀텀 리딩의 두 가지 핵심 원리는 '공감각'과 '초공간'이다. 이 내용은 6장에서 깊이 설명할 것이다.

다수의 사람이 빨리, 많이 책을 읽고 싶어서 패스트 리딩이나 속독법에 관심을 가진다. 그러나 '진짜 독서'는 내용을 이해하지 못하는 한 불가능하다. 독서의 참 의미는 책을 통해 우리의 사고력이 향상되고 의식이 넓어지는 것이기 때문이다. 사고력을 향상시키고 의식을 넓게 확장하기 위해서는 먼저 책 속에 있는 다양한 생각과 주장을 이해할 수 있어야 한다.

독서는 인간이 할 수 있는 가장 지적이고 복잡한 활동이다. 그래서 전 세계적으로 수없이 다양한 독서법이 만들어졌다. 미국에서는 포토 리딩, 파워 리딩, 스피드 리딩 등이, 일본에서는 다양한 속독 기술이 만들어졌다. 물론 국내에도 다양한 독서 기술이 개발되고 알려졌다.

그러나 일본과 미국에 비해 우리나라는 독서의 기술, 수준, 능력 등이 전반적으로 뒤떨어져 있다. 그 이유는 한국인이 독서법에 시간과 노력을 투자하지 않기 때문이다.

국립중앙도서관에 가면 1,000만 권의 책이 있다. 이렇게 많은 책 중 우리의 눈을 번쩍 뜨게 해줄 그런 책들을 만난 적이 있는가? 있다면 과연 몇 권이나 있는가? 우리의 생각을 한순간에 우주만큼 크게 확장시켜줄 그런 놀라운 책, 작은 의식을 천지개벽하게 해줄 그런 엄청난 책을 과연 평생 살면서 몇 권이나 읽을 수 있을까?

지금도 엄청난 보석들이 도서관 서재에 말없이 조용히 꽂혀 있다. 그 책들은 우리가 찾아와주기를 기다리고 있다. 그것도 수많은 책이.

만약 우리가 지금보다 조금만 더 다양하고 폭넓은 독서의 기술과 방법을 익힌다면, 그 수많은 유익한 책을 조금 더 효과적으로, 덜 고생하면서 내 것으로 만들 수 있을 것이다.

그런 점에서 문자만을 취하는 패스트 리딩이나 속독법, 혹은 책 한 권 읽는 데 너무 많은 시간과 노력을 필요로 하는 초짜들의 독서법에 머물러서는 안 된다. 지금 우리에게는 독서를 좀 더 쉽게, 즐겁게 그리고 다양하게 할 수 있도록 도와주는 새로운 독서법이 필요하다.

책을 몇 권 읽은 사람이 가장 위험할까?

나는 생각한다. 그러므로 나는 존재한다.

• 데카르트 •

데카르트가 '근대 철학의 창시자'라는 칭호를 얻게 된 것은 그가 처음으로 철학이라는 체계를 세웠기 때문이다. 그것을 스피노자, 라이프니츠, 로크, 흄, 칸트가 이어받아서 근대 철학으로 한 단계 더 발전시켜 나갔다.

위대한 철학자인 데카르트가 우리에게 주는 몇 가지 조언이 있다. 그 중 하나가 경험을 믿지 말라는 것, 경험 대신 생각과 이성을 통해 진리를 찾으라는 것이다.

시각장애인이 코끼리에 대해 정의를 내릴 때, 자신의 경험(감각)만을 통해 코끼리의 부분을 전체로 규정하는 오류를 범하는 것처럼 잘못된 오류에서 벗어나기 위해서는 반드시 다양한 책으로 키운 통합적인 사고력이 필요하다. 그런 점에서 '한 권의 책'을 맹신하는 사람들은 코끼리의 한 부분만을 경험한 후 코끼리가 어떤 동물이라고 규정하는 오류에 빠지는 것과 다름없다.

데카르트는 책을 읽는 것은 과거에 뛰어난 사람들을 만나서 대화를 나누는 것과 같다고 했다. 결국 한 권의 책만 읽는다는 것은 딱 한 사람만 만나서 대화를 나누고 그 사람에게서만 영향을 받고 지시를 따르는 것과 다를 바 없다. 매우 조심해야 할 행동이다.

그래서 우리는 단 한 권의 책밖에 읽은 적이 없는 사람을 경계해야 한다. 사고가 매우 편협하고 이분법에 익숙한 사람일 가능성이 높기 때문이다. 위대한 사람들은 모두 사고가 매우 유연하고 다양했다는 것을 명심하자.

만약 내가 3년 동안 한 권의 책만 들고팠다면 분명 그 책의 전문가는 될 수 있었을 것이다. 그러나 지금 이 시대는 전문가, 스페셜리스트가 아니라 제너럴리스트의 시대다.

과거에는 하나만 잘하는 스페셜리스트가 연봉도 더 높고, 취업도 잘 되었다. 그러나 언제부터인가 공학도들에게도 인문학 교육을 시키는 시대가 되었다. 서로 이질적인 것이 연결될 때 창조가 이루어진다는 패러다임이 확산되었기 때문이다.

나는 3년 독서 후 그다음 3년 동안 60여 권, 10년 동안은 100권의 책을 집필했다. 많은 이들이 이 사실에 놀란다. 그러나 내가 스스로 생각하는 자랑거리는 집필 분야가 제법 다양했다는 점이다. 뇌과학, 인문학, 경제경영 분야는 물론 인물 평전, 대화법, 부자학, 독서법, 생각법, 차별화 전략, 천재나 선비의 일대기 등 꽤 다양한 분야를 다뤄왔다.

이렇게 분야를 넘나들면서 책을 쓸 수 있었던 원동력은 다독에 있다. 다독의 유익은 이루 말할 수 없다. 가끔 지식인 중에도 다독의 중요성을 잘 이해하지 못하는 이들이 있는데, 다독을 한 사람들이라면 그 힘이 얼마나 큰지 경험으로 알고 있다.

평생 살면서 100권의 책도 채 읽지 않는 사람은 자신만의 생각 회로에 갇혀 살게 된다. 그러나 책을 5,000권 이상 읽은 사람은 생각 회로를 확장시켜 더 넓은 회로 속에서 산다. 즉 얼마나 많은 책을 읽었느냐가 얼마나 큰 세상에서 사느냐를 의미한다.

이런 이유로 다독을 해야 한다. 우리가 독서를 무조건 해야 하는 이유가 바로 다독을 하기 위해서라고 해도 과언이 아니다.

진정한 독서는 생각을 강하게 하고 사고력을 폭넓게 향상시킨다. 그러나 단 한 권의 책만 읽은 사람은 절대로 사고력을 폭넓게 향상시킬 수 없다. 수많은 강이 모여야 바다가 되듯 다양한 책의 의견과 생각이 모여야 바다처럼 넓은 의식을 기를 수 있고, 수준 높고 폭넓은 사고력을 만들 수 있다.

책의 노예가 될 것인가, 책의 주인이 될 것인가

단순히 교양을 쌓기 위해, 남는 시간을 때우기 위해,

흐리멍덩한 정신 상태로 느긋하게 하는 책 읽기는

인생을 좀 먹는 낭비이며, 가장 나쁜 습관이다.

• 헤르만 헤세 •

노벨문학상 수상자 헤르만 헤세는 자신의 저서들을 통해, 책의 노예로 전락한 사람들에 대한 충고를 아끼지 않았다. 그는 주장한다. 독서는 정신 집중을 요하는 일이니 절대 정신을 풀어놓기 위해 책을 읽지 말라고 말이다.

그는 독서를 할 때 의식적으로 자신을 재발견하기 위해 스스로를 버리고 온 힘을 기울여 온전하게 독서에 몰두할 줄 알아야 한다고 주장한다.

무가치한 독서로 시간을 허비하는 독서가가 많다. 그들은 오직 읽기만 하는 바보일 뿐이다. 읽기만 하는 바보와 그렇지 않은 사람의 가장 큰 차이는 독서의 질에 있다. 그 결과는 이후의 인생에 그대로 반영된다.

한 권을 읽어도 제대로 집중해서 읽어야 하고 그렇게 집중해서 읽은 책이 많아질 때 양질전환의 법칙은 우리 삶에 녹아든다. 독서의 임계치를 넘을 때 비로소 우리는 변화와 성장을 경험한다. 그리고 내적 변화와 성장은 외적 현실로 나타난다.

책은 읽는데 내면이 변화하지 않는 것은 책의 노예가 된 것과 다름없다. 책의 노예들은 자신과 일상에서 도피하기 위해 책을 읽는다. 그러나 책의 주인들은 더 의식적으로, 더 성숙하게, 더 몰두하여 자신과 자신의 삶을 단단히 부여잡기 위해서 책을 읽는다.

책의 노예에서 벗어나 내적으로 성장하여 자신의 삶을 이전과 완전히 다르게 바꾸기 위해서는 스스로 진짜 독서가로 거듭나야 한다. 진짜 독서가로 거듭나기 위해서는 무엇보다 책을 다양하고 폭넓게 읽을 수 있는 독서법을 배워야 하며 이를 통해 책을 제대로 읽고 자신의 생각과 의식이 변하는 데까지 나아가야 한다.

책을 제대로 읽으면 생각과 의식은 반드시 달라지고 성장하게 된다. 눈으로만 책을 읽고 마음은 다른 데 두는 독서는 도능독徒能讀과 다를 바 없다. 도능독은 책의 깊은 뜻은 잘 알지 못하면서 다만 읽기만 잘하는 것을 말한다.

생각과 의식은 그대로인 채 그저 책만 많이 읽는 것은 우리가 가장 경계해야 하는 독서다. 책을 통해 지식과 정보, 이론만 많이 알게 된 사람은 미안하지만 책의 노예일 뿐이다. 이렇게 이론만 풍부해진 사람 중에 대표적인 인물이 병법 이론에 해박했던 조나라의 조괄이다.

사마천의 《사기》 〈염파·인상여열전廉頗·藺相如列傳〉을 보면 조나라와 진나라의 싸움 이야기가 나온다. 이 이야기 속에 독서의 본질에 대한 내용이 숨어 있다는 사실을 아는 사람은 많지 않다.

진나라가 조나라를 침략했다. 그러나 조나라는 방어를 잘했기 때문에 진나라가 함락시킬 수 없었다. 이때 조나라의 장군은 조사였다. 조사는 자신의 아들인 조괄에 대해 아주 믿기 어려운 예측을 했다. 조괄이 장군이 되면 조나라는 반드시 망할 것이라는 말이었다. 그와 같은 예측을 하는 사람이 또 한 명 있었다. 바로 인상여였다. 그 역시 조괄이 대장이 되는 것을 한사코 반대했다.

그런데 흥미롭게도 이 두 사람이 조괄의 대장 승진을 반대한 이유가 같았다. 그것은 조괄의 독서 태도에 관한 것이었다. 온갖 병법 이론에 해박했던 조괄의 독서는 한마디로 '도능독'이었다. 책 읽기에 능해서 책 속의 지식과 정보는 많이 알고 있었지만 그것을 상황과 때에 맞추어 적용할 줄 아는 능력, 즉 의식과 사고력은 부족하다는 것이다.

이 두 사람의 반대에도 불구하고 조나라 왕은 기어코 조괄을 대장으로 임명했다. 조괄은 병법서의 수많은 이론만을 토대로 전략을 짰고, 그 결과 40만 대군이 전멸하는 중국 역사상 최악의 참패라는 기록을 남기고 말았다.

조괄은 책을 잘 '읽는' 사람이었다. 그래서 아버지가 물려준 책들을 모조리 읽어 자신의 것으로 만들었다. 문제는 책 속 지식과 정보를 너무 고지식하게 수용해버렸다는 점이다. 독서를 통해 의식과 사고력을 넓히기보다는 그저 지식만을 주입했던 것이다. 그 결과 절대 어제와 같을 수 없는 오늘의 상황에 어제의 성공 방식을 적용해버렸다.

'책의 노예'는 조괄처럼 책의 내용을 그대로 받아들여 지식과 정보만 해박해진 사람을 뜻한다. 반대로 '책의 주인'은 책을 통해 책의 내용뿐만 아니라 작가의 의도와 메시지까지 잘 파악하여, 시대와 상황에 따라 응용할 수 있는 사고력으로 확장시키는 사람이다.

책의 노예는 책의 내용대로만 사는 사람이고, 책의 주인은 자신의 생각과 의식대로 마음껏 책의 내용을 뛰어넘어 응용하고 활용하고 변형하고 개선하고 보충하고 반론할 수 있는 사람이다.

• • • 김병완의 3단계 독서 기술 • • •

독서법은 연장입니다. 소 잡는 사람에게는 다양한 크기의 칼이 필요하고, 목수에게도 다양한 종류의 장비와 연장이 필요합니다. 제게도 다양한 독서법이 필요하고, 실제로 저는 여러 독서법을 사용합니다. 제가 가장 자주 사용하는 독서법은 세 가지입니다.

첫 번째는 제가 만든 퀀텀 독서법입니다.
두 번째는 다산 선생의 초서 독서법입니다.
세 번째는 퇴계 선생과 율곡 선생의 숙독법입니다.
이렇게 세 가지 독서법을 병행하는 것입니다.

도서관에 가면 저는 이렇게 독서를 합니다. 먼저 수십 권의 책을 가지고 와서 퀀텀 리딩으로 빨리 여러 번 읽습니다. 절대 한 번 읽어서 읽었다고 하지 않습니다. 삼독은 기본으로 합니다. 퀀텀이기에 가능하죠. 그것이 전부가 아닙니다. 진짜 독서는 지금부터입니다.
그렇게 여러 권을 읽은 후에 두 번째 단계, 다산의 독서법인 초서 독서를 합니다. 읽었던 수 권에서 수십 권의 책을 전부 초서하는 것은 아닙니다. 읽었던 책들 가운데 제게 도움이 되고 유익했던 두세 권의 책을 선별하여 제대로 더 깊게 읽기 위해서, 초서 독서를 하기 시작합니다. 기억에 더 잘 남아 도움이 될 뿐 아니라 반복 독서가 되어 정독보다 더 좋은 정독을 하게 됩니다.
여기서 또 끝이 아닙니다. 여러 번 이런 과정을 반복하다가 초서 독서한 책 중에서 다시 한번 선별해, 퇴계와 율곡의 독서법인 숙독을 하면서 책 한 권을 수백 번 이상 읽습니다.
숙독은 정독의 단계를 초월하여 한 권을 완전하게 마스터하는 독서입니다. 매우 정밀하게 책을 읽고, 완벽하게 이해하고, 숙달하여, 그 분야에서 도통하게 되는 독서법입니다. 퇴계와 율곡은 숙독하여 모든 뜻을 이해할 뿐만 아니라 한 권의 책을 통달할 때까지 읽고 또 읽는 정밀한 독서를 했습니다.

저는 바로 이런 세 가지 독서법(연장)을 가지고 있고, 숙달했습니다. 덕분에 한 권의 책을 제대로 정독할 뿐만 아니라 숙독과 초서까지 할 수 있으며, 독서를 진정으로 즐길 수 있는 것입니다.

4장

독서가 재미없고 힘든가

반대하거나 말싸움을 하기 위해, 또 단순하게 믿거나 그대로 받아들이기 위해 독서해서는 안 된다. 또한 대화나 논의의 밑천을 마련하기 위해 독서해서도 안 된다. 오직 따져 보고 깊이 생각하기 위해 독서하라.

| 프랜시스 베이컨 |

독서에 대한 생각부터 바꿔라

당신은 왜 지금까지도 독서 천재가 아닌가? 왜 당신은 아직도 독서 천재가 되지 못한 것일까?

가장 큰 이유는 바로 당신의 생각에 있다. 절대 노력이 부족해서도 실력이 부족해서도 아니다. 모든 이유는 생각이 너무 작고 편협하다는 데 있다. 특히 생각의 틀이 너무 견고하기 때문이다.

재미있는 사실은 생각의 틀이 좁고 편협한 사람일수록 자신의 사고의 틀을 깨고 나오기가 무척이나 힘들다는 것이다. 그래서 평생 살면서 단 한 번도 사고의 틀을 깨고 나오지 못하는 사람들이 적지 않다. 그래서 그토록 위대한 사람들이 그저 평범하게 평생을 살다 가는 것인지도 모른다.

단언컨대 당신이 거인으로 성장하기 위해, 천재나 혹은 고수로 도약하기 위해 필요한 것은 단 한 가지뿐이다. 그것은 남다른 노력이나 열심이 아니라 남다르게 크고 위대하고 위험한 생각을 가지는 것이다.

크게 생각하는 것은 탁월한 성과를 올리는 데 빠져선 안 될 필수 요소다.

• 게리 켈러, 《원씽》 •

게리 켈러의 말에 전적으로 동감한다. 우리에게 주어진 시간은 하루 24시간으로 같다. 그러나 하루 동안에도 누구는 크게 도약한다. 반면 어떤 사람들은, 아니 대부분의 사람은 전혀 도약하지 못한다. 그 차이는 바로 어떤 생각을 얼마나 크게 하는지에 달렸다.

이러한 비밀을 발견한 사람은 게리 켈러뿐만이 아니다. 현대 경영학의 창시자인 피터 드러커 역시 이 비밀을 발견한 사람이었다.

탁월함을 추구하고 더 많은 것을 기대하는 것은 생각이 큰 사람만이 할 수 있다. 생각이 편협하고 얕은 사람들이 열심히 노력하고 일을 해도 큰 성과를 낼 수 없는 이유가 바로 여기에 있다. 피터 드러커는 이 사실을 누구보다 잘 알고 있었다.

스스로 성장해나가기 위해 가장 우선시해야 하는 것은
탁월함을 추구하는 것이다. 조금밖에 바라지 않으면 성장도 없다.
많은 것을 추구하면 같은 노력으로도 거인으로 성장할 수 있다.

• 피터 드러커 •

이런 말들은 그가 남긴 수많은 저작을 읽어보면 쉽게 발견할 수 있다.

명심하라. 그냥 열심히 읽는 사람과 남다르게 큰 생각을 하면서 읽는 사람은 분명 차이가 난다. 왜 하루에 100권의 책을 독파해버리겠다는 위험하고 남다르며 놀라운 생각은 하지 않는가? 당신이 하루에 열 권의 책도 독파하지 못하는 이유는 단 한 번도 자신을 뛰어넘어 독서할 생각을 한 적이 없기 때문이다.

소가 수레를 이끌듯 생각이 당신을 이끈다는 사실을 명심하라. 생각이 편협하고 작다면 절대 당신은 더 높은 곳으로 가지 못한다. 그러니 지금부터라도 이런 생각을 해보라.

'100만 권의 책을 읽어버리겠다.'

'하루에 100권의 책을 읽어버리겠다.'

'이 도서관에 있는 책을 모조리 다 먹어치워버리겠다.'

'이 세상에서 독서를 가장 많이 한 사람이 되겠다.'

'독서로 위대한 인생을 살아낼 것이다.'

'위대한 독서로 위대한 인물이 될 것이다.'

진짜 그렇다. 큰 생각을 해야 큰 발전이 있다. 크게 생각해야 크게 도약할 수 있다. 우리가 무의식적으로 크고 위대한 삶을 두려워하면 우리의 삶은 그것을 피하는 인생이 될 수밖에 없다. 생각은 당신이 상상하는 그 이상의 에너지를 가지고 있다.

어제와 다른 삶을 살고 싶다면 어제보다 1만 배 더 큰 생각을 하고 대담한 행동을 해야 한다. 불명예도, 가난도, 실패도, 시련도, 수치도 그 어떤 것에도 연연하지 않을 수 있어야 한다. 인생의 내공은 바로 그러한 큰 생각, 담대한 생각, 위대한 생각에서 비롯된다.

3시간 읽으면 1시간은 낭비하는 독서 습관

독서 고수에 대한 아주 흥미로운 사실이 밝혀졌다. 독서 고수들은 책을 읽을 때 안구가 매우 빠르고 일정하게 움직일 뿐만 아니라 뇌의 전 부분이 활성화된다는 것이 뇌과학을 통해 드러났다.

글을 읽을 때 평범한 사람들은 한눈에 6~8자 정도의 글자를 볼 수 있다. 그리고 그것을 인지해서 뇌로 전달하는 속도는 0.02초 안팎이다. 문제는 뇌가 그것을 받아서 처리하는 속도가 느려지면 독서 속도가 급격히 떨어진다는 것이다.

그런데 뇌의 처리 속도보다도 더 주의해야 할 점이 있다. 인간의 눈은 독서를 하는 데 최적화된 도구가 아니라는 점이다.

실제로 과거에는 독서를 많이 해서 맹인이 된 독서 고수들이 없지 않았다. 평소 독서를 안 하다가 갑자기 독서를 많이 하거나 과도하게 하면 일시적으로 눈의 기능이 급격하게 떨어져 얼마 동안은 눈이 매우 아프고 심지어 잘 보이지 않는 경우도 생긴다. 이는 보통 나이가 들어서 겪게 되는 노안과는 다른 경우다.

독서 초보와 독서 고수의 눈동자 움직임만을 비교해보면, 가장 큰 두 가지 차이를 발견할 수 있다.

첫 번째는 독서 초보에게는 안구 회귀regression 운동이 무의식적으로 일어난다는 점이다. 정작 본인은 글자 하나씩 차례대로 읽어 내려가고 있다고 느낄지 모르나, 사실은 읽어 내려가다가 자신도 모르게 자꾸 앞부분으로 되돌아가서 또 읽고 하는 과정을 반복한다.

쉽게 말해서 이미 읽었던 부분을 몇 번씩이고 반복해서 다시 읽는 것이다. 그러나 독서 고수들에게는 이런 안구 회귀 운동이 거의 일어나지 않는다.

두 번째는 우리는 시각적 고정visual fixation(사물을 지켜보는 눈을 의지적으로 고정시키는 능력)과 단속 안구 이동saccadic movement(한 주시점에서 다른 주시점으로 빠르게 전환하는 눈의 움직임)의 과정을 반복하면서 책을 읽는데, 독서 초보일수록 단속 안구 이동의 간격이 좁고 고정(주시)하는 데 시간이 많이 걸린다.

책을 읽을 때 우리의 눈은 초점을 맞추기 위해서 시선을 고정해야 한다. 이것이 시각적 고정이다. 보통 0.25초가 걸린다고 한다.

이 과정에서 망막에 초점이 맞춘 상의 모습이 등록된다. 그리고 이 과정이 1초에 4회 이상 반복되어야 망막에 맺힌 상이 사라지지 않고 우리 뇌로 전달된다. 독서 속도가 느린 사람들은 이 과정에서 속도 때문에 망막에 맺힌 상(글자)이 자꾸 사라져서 읽었던 것을 다시 읽고 또 다시 읽는 안구 회귀 운동이 일어나게 된다.

인간의 시각적 인식 과정을 3단계로 더 세밀하게 나누어 보면 이렇다.

첫째는 시각적 고정 과정이다. 이는 시각을 한 지점에 고정해서 초점을 맞추는 과정이다. 이 과정을 통해 망막에 상이 맺히게 된다.

둘째는 안구 추적ocular pursuit 과정이다. 시각 정보를 지속적으로 따라 볼 수 있게 해주는 능력으로 효율적 진행을 위해 중요한 기술이다.

셋째는 단속 안구 이동이다. 눈의 움직임이 한 물체에서 다른 물체로 빠르게 전환되는 도약 과정이라고 할 수 있다. 독서 천재들은 이 도약 과정의 거리가 상당히 멀다. 독서 능력과 가장 밀접한 관련이 있는 과정이다.

독서는 인간의 시각적 인식 과정에 뇌의 인지, 이해, 사고, 복합, 추론 과정이 포함된 행위다. 독서가 인간의 행위 중에 가장 복잡하고 지적인 행위라는 이유가 바로 여기에 있다.

결국 독서를 한다는 것은 책의 글자나 문장을 주시하여 초점을 맞추고, 그것이 망막에 4회 이상 반복해서 맺히게 한 뒤 뇌의 복잡한 인지 작용을 거쳐, 비로소 책의 내용을 이해하고, 그 이해를 바탕으로 새로운 사고와 의식으로 나아가기 위해 추론하고 결합하고 분해하며, 사고력을 향상시키는 단계까지 이르는 것을 말한다. 독서란 이런 복잡한 과정을 수도 없이 반복하는 것이다.

독서 고수들은 주시하는 시간이 매우 짧을 뿐만 아니라 안구의 이동 간격 또한 매우 넓다. 그렇기 때문에 그들은 짧은 시간에 많은 양의 글을 눈의 피로를 최소화한 상태로 깊고 넓게 읽을 수 있는 것이다.

우리가 현재 읽고 있는 책처럼 2차원의 하얀색 바탕 지면에 쓰인 검정색 글자를 그대로 따라 읽는 것은 인간의 눈에 매우 불편하고 피곤한 일이다.

더 중요한 사실은 한 줄을 다 읽고 나서 그다음 줄의 시작 첫 부분을 찾기 위해 생각보다 많은 시간을 낭비한다는 사실이다. 동일한 평면 위의 색깔만 다른 글자를 찾는 일은 우리 눈의 취약한 부분이다.

이런 이유들 때문에 독서 고수가 아닌 보통 사람들이 세 시간 정도 독서할 경우 독서한 시간의 3분의 1 정도, 즉 약 30퍼센트의 시간은 독서가 아니라 안구 회귀 운동과 새로 시작되는 줄의 처음을 찾기 위한 눈동자의 운동 그리고 고정과 도약의 반복 운동 등으로 새어나가게 된다.

물론 이는 주의력과 독서 습관에 큰 문제가 없는 사람의 경우다. 사람마다 주의력과 독서 습관에 따라 30퍼센트 이상의 시간을 자신도 모르게 낭비할 수 있다는 뜻이기도 하다. 독서 고수들은 오랜 독서 경험과 훈련을 통해 이렇게 자신도 모르는 사이 낭비되는 시간을 최소화한 사람들이라고 할 수 있다.

즉 글자 하나하나를 읽어 내려가는 보통 사람들의 일반적인 독서 방법으로는 세 시간 동안 책을 읽어도 그중 한 시간은 자신도 모르는 사이 저 허공으로 허비하게 되는 셈이다. 이렇듯 우리의 눈은 어떤 면에서는 매우 뛰어나지만 어떤 상황에서는 그렇지 못하다.

어린아이가 처음 글자를 배울 때 가장 좋은 방법은 글자 하나하나를 차례대로 읽어 내려가는 것이다. 그러나 이러한 어린아이 시절의 독서법을 중고등학생, 대학생, 심지어 성인이 된 다음에도 계속해서 사용하고 있다면, 이는 분명 다시 생각해봐야 할 문제다.

여러 줄을 통째로 읽는 사람들

독서 초보자들이 독서 초보 단계에서 벗어나지 못하는 이유 중 하나는 한 번에 한 글자씩 순차적으로 읽는 방식에 너무 익숙해져 있기 때문이다.

독서 초보들은 자신이 독서 초보라는 사실도 모른다. 그저 몇십 년 동안 독서를 해왔기 때문에 독서 중급 정도는 된다고 착각한다. 그러나 그것은 엄청나게 위험한 착각이다.

이런 부류의 독서 초보들은 아무 의심도 없이 그저 한 글자 한 글자씩 읽는다. 절대로 여러 줄을 통째로 한 번에 읽으려고 하지 않는다. 그런 독서법이 있다는 것조차 알지 못한다.

그러나 독서에 능숙해진 고수들은 절대 한 글자 한 글자씩 읽지 않는다. 독서력이 향상될수록 한 번에 읽는 줄의 수가 늘어난다.

다시 말해 일독오행, 일독십행의 독서법으로 책을 읽는다는 말이다. 일독오행은 한 번에 다섯 줄을 통째로 읽는 것이고, 일독십행은 한 번에 열 줄을 통째로 읽는 것이다.

'아니 무슨 책을 한 번에 열 줄까지 볼 수 있다는 말인가?'

한 번도 이런 이야기를 들어보지 못한 독자가 많을 것이다. 그러나 이런 독서 방법은 이미 오래전부터 존재해왔고, 우리 선조 중에서도 실천했던 이들이 적지 않다. 대표적 인물이 율곡 이이 선생과 우계 성혼 선생이다.

우계 선생은 한 번에 일고여덟 줄을 읽었다. 일독팔행이다. 율곡 선생은 한 번에 10~13줄을 읽었다. 이것이 일독십행이다. 그리고 춘원 이광수 역시 한 번에 다섯 줄을 읽었다는 것을 여러 책을 통해서 확인할 수 있는데 이것은 일독오행이다.

우계 성혼: 나는 책을 읽을 때 여덟 줄쯤 한꺼번에 읽을 수가 있소.

율곡 이이: 나는 한꺼번에 겨우 여남은 줄밖에는 못 읽소.

• 이원명, 《동야휘집東野彙輯》 •

이 대화를 보면 확실하게 우계 성혼 선생과 율곡 이이 선생은 글자를 하나하나 읽지 않고 여러 줄을 한꺼번에 읽었다는 사실을 확인할 수 있다.

우리는 처음 글자를 배울 때 한 글자 한 글자 소리 내며 읽는 방법으로 배운다. 그러나 어느 정도 글자를 잘 읽을 수 있게 되었다면 초보 방식에서 벗어나 한 줄, 두 줄, 줄 단위로 읽는 방법을 훈련하고 연습해야 한다. 그러나 많은 사람이 글자를 처음 배울 때의 그 방식을 평생 고수한다. 이것이 가장 큰 문제다. 한 달 내내 워터파크에서 물장난을 치고 물속에서 논다고 해서 수영을 저절로 배울 수 있는 것은 아니다. 수영은 반드시 배우고 연습해야 잘할 수 있다.

글자를 읽을 수 있게 되었다고 한 글자 한 글자 읽는 것이 독서의 전부라고 생각하는 사람은 아무리 많은 책을 읽었더라도 독서 능력은 초보에 불과하다. 독서를 10년, 20년 해왔다는 것이 꼭 독서력이 높다는 것을 보장하지는 않는다.

제대로 훈련을 하면 1년만 해도 아니 3주만 훈련해도, 훈련 없이 평생을 독서해온 사람보다 더 나은 독서력을 가질 수 있다.

누구나 일독오행, 일독십행을 할 수 있다. 제대로 된 훈련과 연습만 하면, 누구나 글자를 깨칠 수 있는 것과 마찬가지다. 조금만 연습하면 누구나 두발자전거를 쉽게 탈 수 있다. 그런데 자전거 타는 모습을 한 번도 본 적 없는 사람에게 두발자전거는 어떤 기계로 여겨질까? 혹시 타지 않고 끌어야 하는 기계로 생각할 수 있지 않을까? 만약 그렇다면 그에게 두발자전거는 탈것이 될 수 없을 것이다.

독서도 마찬가지다. 누군가가 일독십행하는 모습을 자주 봐왔다면, 충분히 그 사람도 자연스럽게 일독십행을 할 수 있게 된다. 그러나 일독십행이라는 것을 처음 들은 사람에게는 이 독서법(혹은 독서 풍경)이 생소할 뿐만 아니라 실천은 상상조차 할 수 없는 방법일 것이다.

왜 독서 고수들의 노하우를 배우지 않는가

인생은 유한하다. 우리는 모두 한 번밖에 살 수 없다. 그런데도 왜 밑바닥부터 시작하려고 하는가? 누군가 이뤄놓은 높은 지점에서 시작하면 그보다 더 높은 곳으로 도약할 수 있는데 말이다.

머리가 비상한 한 사람이 있었다. 이 사람은 여러 학문 중에서도 수학에 관심이 많았다. 그는 너무 똑똑해서 다른 사람의 말을 듣는 것을 매우 불편하게 생각했다. 그래서 어린 나이에 산 속에 들어가 혼자 수학을 공부했다. 그리고 세월이 흘러 30년이 지났다.

이 사람은 자신도 믿기 힘든 위대한 수학 공식을 발견했고, 그것을 세상에 알리고자 30년 만에 하산을 했다. 많은 사람에게 자신이 발견한 그 엄청난 공식을 발표하려던 순간, 그는 너무나 큰 충격을 받았다.

자신이 30년 동안 노력해서 발견한 수학의 위대한 공식이 바로 중고등학생들도 다 아는 이미 세상에 알려진 옛 어느 학자의 공식이었기 때문이다.

영국을 대표하는 물리학자이자 수학자이며 천문학자인 아이작 뉴턴도 이와 관련하여 아주 중요한 말을 했다.

나는 거인의 어깨 위에 앉았기 때문에 더 멀리 내다볼 수 있었다.

• 아이작 뉴턴 •

수영을 잘하고 싶다면, 수영을 몇십 년 이상 한 수영의 대가에게 가서 직접 배우면 된다. 혼자서 독학을 하게 되면 많은 시간과 노력이 필요할 뿐만 아니라 그 생산성(성장 속도) 또한 대가에게 배우는 것보다 상대적으로 낮다.

누군가 이미 발견하고 체득한 경험이나 노하우를 쉽게 배워서, 그 높은 수준에서 시작하는 사람은 나쁜 사람이 아니라 매우 지혜로운 사람이다.

나는 수많은 책을 통해 수준 높은 독서 스킬과 독서법들을 익히고 배웠다. 그 수많은 거인들의 어깨 위에서 개발하고 연구해 나만의 독서법을 만들어냈다. 그런 점에서 퀀텀 독서법은 나 혼자만의 창작물이 아니다. 기존의 많은 독서 대가의 피와 땀과 노력 위에 만들어졌기 때문이다.

우리의 나쁜 습관(?) 중 하나는 혼자서만 열심히 한다는 것이다. 또 그렇게 열심히 무언가를 해서 체득한 놀라운 노하우와 경험을 기록으로 남기지 않는다는 것이다. 그래서 후배들과 후손들은 또다시 원점에서 새로 시작해야 한다.

인류 문명이 오늘날만큼 발전할 수 있었던 것도 앞서 살았던 선조들이 체득한 지식과 경험이 후손에게 전달되고, 그것을 토대로 후손들이 더 향상시킨 노하우를 다시 다음 후손들에게 전달하는 과정을 수없이 반복했기 때문이다. 이 과정에서 가장 중요한 역할을 한 것이 바로 책과 독서였다.

우리는 앞으로 몇 년을 더 살 수 있을까? 미국의 시사주간지 〈타임〉은 2015년에 충격적인 사실을 보도했다.

"올해 태어난 아기는 142세까지 살 수 있을 것이다."

1970년, 한국 남성의 평균 수명은 58세 정도였다. 그때는 시대의 변화 속도가 느렸기 때문에 학교에서 배운 지식으로 평생 먹고살 수 있었다. 그러나 지금은 시대의 변화 속도가 가히 폭발적으로 빠르다. 뿐만 아니라 평균 수명도 갈수록 길어지고 있다. 지금 한국 남성의 평균 수명은 78세 정도라고 한다. 그러나 이것은 평균 수명일 뿐 가장 많은 사망자가 발생하는 연령대를 살펴보면, 2008년에는 86세, 2015년에는 거의 90세에 이른다.

다시 말해, 우리가 50세에 은퇴한다고 할 때 은퇴 후에도 40년 이상을 더 살아야 한다는 것이다. 만약에 60세에 은퇴한다면, 은퇴 후에도 무려 30년 이상을 더 살아야 한다. 당신이 1970년대 이후에 태어난 사람이고 당신의 건강에 큰 문제가 없다면, 100세 넘게 살 가능성이 상당히 높다.

이런 현실 속에서 개인에게 가장 필요한 것은 두말할 것 없이 스스로 배우는 능력, 즉 독서력이다. 독서력이 뛰어난 사람은 스스로 직업을 바꿀 수 있고 새로운 삶을 준비해 나갈 수 있다.

우리 속담에 '소도 비빌 언덕이 있어야 비빈다'라고 했다. 사람은 아무것도 없는 상태에서, 아무 경험과 지식도 없는 분야에서 절대 고수가 될 수 없다. 고수들을 살펴보면 반드시 뛰어난 대가들에게서 직접 혹은 간접으로 배운 사람들임을 알 수 있다.

위대한 천재가 가장 많이 배출된 피렌체라는 작은 도시의 사례를 보면 이 사실을 더 정확하게 알 수 있다. 인류 역사상 가장 위대한 문화 운동이었던 르네상스가 피렌체라는 도시에서 시작된 것도 같은 맥락이다.

당시 유럽 전역에 있던 책은 3~4만 권 정도였다. 피렌체라는 도시는 작지만, 당시 거대한 부와 정교한 기술을 가지고 있었다. 부와 기술이 상호작용을 일으키자 수십만 권에서 수백만 권에 이르는 엄청난 양의 책이 피렌체에서 쏟아져나왔다.

인류 역사상 그렇게 많은 책이 탄생한 것은 처음이었다. 이 책들을 처음으로 접했던 행운아들이 바로 피렌체에서 탄생한 수십 명의 천재들이었다. 그중 한 명이 레오나르도 다빈치다. 그는 역사상 가장 경이로운 천재 중 한 명으로 평가받는 사람이다.

다빈치는 서자로 태어나 제대로 된 정식교육을 받지 못했다. 불우한 어린 시절을 보내야 했던 그가 아무런 교육도, 훈련도 받지 못한 상태로 메디치 가문에 들어가 멸시와 천대를 받았던 사실을 아는 사람은 많지 않을 것이다. 다빈치 역시 20대 초반까지는 큰 두각을 나타내지 못했다. 그런데 20대 초반부터 이어진 다양한 훈련과 엄청난 독서를 통해 그는 시대의 천재로 도약하기 시작했다. 그가 얼마나 지독하게 공부하고 노력했는지는 그가 남긴 방대한 분량의 노트를 보면 짐작할 수 있다. 다빈치가 천재로 도약하는 데 있어 결정적인 발판을 마련해준 것이 바로 '거인의 어깨'였다. 다빈치는 거인의 어깨를 빌렸고, 그 위에서 천재로의 길을 밟아나갔다.

사실 다빈치는 정규교육을 받지 못했던 터라 라틴어를 제대로 배우지 못했다. 그러나 그 당시 더 높은 지식의 토대가 된 책은 모두 라틴어로 저술돼 있었다. 그렇다면 어떻게 라틴어를 몰랐던 다빈치가 그렇게 방대한 지식을 쌓을 수 있었을까?

알다시피 독일의 발명가 구텐베르크는 1440년경 와인 압착기를 개조해 인쇄기를 발명했다. 이 발명은 인류를 엄청난 문맹률에서 벗어나게 해준 대사건이었다.

구텐베르크의 인쇄기는 역사와 인류를 바꾸어놓았다. 인쇄기 덕분에 엄청난 양의 책들을 만들어낼 수 있게 되었고, 책값은 매우 저렴해졌다. 이로써 중산층 대다수가 글을 배워 책을 읽고 소유할 수 있게 되었다.

그중에서도 가장 부유한 도시였던 피렌체는 인쇄기가 발명된 후 10년도 안 되어 책 대량 생산의 빅뱅 시대를 열었다. 더 큰 지식을 습득하기 위해서 그리스어 책이 절박했던 다빈치에게는 일생일대의 기회가 찾아왔던 것이다.

만약 다빈치가 50년만 더 일찍 태어났더라면, 그는 지금 우리가 알고 있는 천재의 반열에 오르지 못했을지도 모른다. 다빈치는 선조들이 남긴 지식과 경험, 노하우라는 거인의 어깨 위에서 시작할 수 있었던 인류 최초의 시기, 1500년경에 인생의 전성기를 살았기 때문에 천재의 반열에 오르는 행운을 잡을 수 있었다.

다빈치처럼 거인의 어깨 위에서 시작할 수 있는 행운을 선물받았던 이 시대 이 지역에서 탄생한 천재들을 살펴보면 이렇다.

갈릴레오, 미켈란젤로, 마키아벨리, 에라스무스, 마르틴 루터, 셰익스피어 등이 대표적으로 인류 역사상 최초로 책의 홍수 시대가 열린 1500년경에 유럽에서 살았던 인물들이다.

다빈치가 천재로 도약할 수 있었던 가장 큰 원인은 두 가지다. 첫째는 시대적 행운이다. 800만 권이라는 엄청난 양의 책이 쏟아져나온 책의 홍수 시대에 살았다는 점이다. 둘째는 다빈치만이 가지고 있었던 독서력과 방대한 독서량이었다.

아무리 많은 책이 존재한다고 해도, 독서력이 빈약한 사람은 절대 성장할 수 없다. 그러나 다빈치는 독서의 대가였고 방대한 양의 노트를 남겼다. 이는 그가 엄청난 수준의 독서를 했다는 간접적인 증거가 된다.

다빈치를 평생 연구한 마이클 화이트의 저서 《최초의 과학자: 레오나르도 다빈치》에 따르면, 다빈치는 1470년대 말부터 자신만의 독서 계획을 철저하게 세웠고 이를 실행에 옮겨 엄청난 양의 독서를 했다고 한다. 연구에 의하면 다빈치는 학교 교육을 받지 못했기 때문에 처음에는 닥치는 대로 책을 읽어야 했지만, 나중에는 수준 높은 책들을 체계적이고 전략적으로 독파해나갔다.

자, 우리도 거인의 어깨 위에서 시작하자. 그렇게 하기 위해서 가장 필요한 것은 두말할 것도 없이 '독서력'이다.

당장 속발음 습관에서 벗어나라

한 권의 책을 읽는 데 다섯 시간 이상 걸린다면 독서 속도에 문제가 있다. 물론 의도적으로 천천히 느리게 읽는 사람의 경우는 문제가 아니다. 나도 다양한 방법과 속도를 적용하여 책을 읽기 때문이다.

어떤 책은 다섯 시간이 아니라 평생 곁에 두고 읽어야 할 가치가 있다. 이런 책도 여러 번 읽은 뒤 숙독하고 숙고하는 과정을 반복하는 것이 좋다.

일부러 천천히 읽는 것은 다른 문제다. 이런 특수한 경우가 아닌 일반적인 상황에서 300쪽 안팎의 책 한 권을 읽는 데 다섯 시간 이상 걸린다면, 이는 많은 책을 제대로 읽는 데 큰 걸림돌이 된다.

이렇게 독서 속도가 느려지는 가장 큰 이유는 읽었던 부분을 다시 되돌아가서 읽는 '안구 회귀'와 '속발음'을 하는 습관 때문이다.

속발음은 다른 말로 '하위발성읽기sub vocalizing'라고도 한다. 하위발성읽기는 실제로 소리를 내지는 않지만 머릿속으로 단어를 하나하나 발음하면서 책을 읽는 습관이다. 이런 습관으로 책을 읽을 때 가장 큰 문제는 속도다. 하위발성읽기로 책을 읽는 사람의 독서 속도는 절대 말하는 속도 이상으로 향상될 수 없기 때문이다.

하위발성읽기라는 잘못된 습관을 고칠 수 있는 가장 좋은 방법은 무엇일까? 힘들지만 한두 줄을 통째로 읽는 훈련을 해내는 것이다. 한두 줄을 통째로 읽는 훈련을 하려면 우선 동시에 여러 단어를 읽을 수 있어야 한다. 그렇게 되면 사실상 속발음을 한다는 것은 불가능해진다.

즉 한두 줄을 통째로 한 번에 읽는 훈련은 하위발성읽기 습관을 고치는 방법이며, 동시에 하위발성읽기는 한두 줄을 통째로 읽지 못하게 하는 가장 나쁜 적이다.

우리가 처음 글자를 배웠을 때로 돌아가보자.

'학교'라는 단어를 배울 때, 먼저 우리는 '학교'라는 글자를 눈으로 보고(시각적 자극), 그 단어를 입으로 소리 내어 읽는다. 그리고 그 소리를 발음하며 귀로 듣고서(청각적 자극) 그 청각적 자극을 통해 뇌가 의미를 이해하는 메커니즘으로 글자를 배운다. 이 메커니즘은 평생 우리가 책을 읽을 때마다 그대로 재현된다.

처음 글자를 배울 때 사용하는 메커니즘

글자(텍스트) > 눈으로 본다 > 입으로 소리낸다 > 귀로 듣는다 > 뇌로 이해한다

독서의 메커니즘은 우리가 글을 배울 때와 거의 유사하지만 글을 배울 때의 메커니즘을 그대로 답습할 필요는 전혀 없다. 그래서 현인들은 인류의 오랜 독서 습관인 낭독에서 탈피하여 묵독을 하기 시작했고, 이제는 대부분 사람이 묵독을 하는 능력을 가지고 있다. 문제는 바로 여기서 발생한다.

낭독이 아닌 묵독을 해도 우리는 이 메커니즘을 그대로 답습한다. 따라서 입으로 소리를 내든, 속으로 소리를 내든 독서의 속도는 변하지 않는다.

속발음 때문에 고민하는 사람들이 적지 않다. 속발음이 나타나는 이유는 우리가 언어를 배울 때 그렇게 습관을 들였기 때문이다. 어쩔 수 없는 언어 습득의 속성이라고 할 수 있다. 나는 위에서 언급한 순서대로 언어를 배우기 때문에 우리의 독서가 감각적·공간적·이미지적인 우뇌보다 좌뇌와 더 연관성 있다고 생각한다. 이 때문에 우리의 뇌가 글자를 시각적으로 이해하지 않고 청각적으로 이해하는 데 더 익숙해졌다고 본다.

그러나 여기서 분명하게 알아야 할 것이 있다. 속독의 대가는 모두 속발음을 하지 않고 중간 단계를 건너뛴다는 것이다. 독서 초보들은 입 밖으로 하든 입 안에서 하든 모두 소리를 낸다. 그렇기 때문에 독서 속도가 평균 이상을 뛰어넘지 못하는 것이다.

속독법이든 퀀텀 독서법이든 그 어떤 독서법도 상관없다. 독서 속도를 일정 수준 이상 높이기 위해서는 절대로 속발음을 해서는 안 된다.

속발음, 즉 하위발성읽기를 고치기 위해서는 먼저 두 글자를 동시에 읽는 훈련부터 시작하는 것이 좋다. 훈련 성과가 좀 있다면 그때부터는 한 줄씩 한 번에 읽는 훈련을 하고, 그것이 되면 여러 줄을 한 번에 읽는 훈련을 해야 한다.

독서혁명 프로젝트를 진행할 때도 참여자들이 가장 고민했던 부분이 바로 속발음이었다. 속발음이 자꾸 나오는 것 같아서 빨리 책을 읽을 수 없다는 것이다. 그러나 잘못된 판단이다.

이것은 습관의 문제다. 물론 나쁜 습관은 고치기가 매우 힘들지만, 충분히 고칠 수 있다.

자신도 모르게 안구 회귀를 한다?

독서는 두 가지 활동의 결합이다. 바로 눈의 지각 행위와 뇌의 생각 행위다. 그런데 이 두 가지 중 더 중요한 부분은 뇌의 생각 행위다. 읽은 책의 내용을 추론하고, 복합하고, 결합하고, 나누고, 창조하고, 사고하는 과정이다. 따라서 독서의 속도와 이해 향상에 가장 큰 걸림돌은 눈의 속도가 아니라 뇌의 속도다.

눈 훈련을 통해 아무리 빨리 글을 지각할 수 있게 되어도, 뇌에서 그 속도에 맞추어 생각하고 이해하고 추론하고 예측하고 결합하여 사고하지 못한다면 독서를 했다고 할 수 없다.

독서의 본질은 글자 인식에 있는 것이 아니라 뇌의 사고 작용에 있다. 그래서 독서는 이해가 아니라 사고인 것이다.

따지고 보면 우리는 보이는 것을 읽는 것이 아니라 뇌로 충분히 사고할 수 있는 것들을 읽고 있을 뿐이다. 그런 점에서 뇌의 사고력이 독서의 본질이며 가장 큰 기능이다.

뇌의 사고력이 못 받쳐주는 사람들의 가장 큰 특징은 바로 안구 회귀 현상이다. 독서력이 낮은 사람들은 대부분 읽었던 부분을 또 다시 되돌아가서 읽고 또 읽는 행위를 자신도 모르게 수도 없이 반복한다. 다시 말해 독서 초보일수록 안구 회귀 현상이 자주 일어난다.

독서의 속도는 생각의 속도다. 그렇기 때문에 생각이 부족한 사람, 사고력이 뒤떨어지는 사람들은 책을 읽어도 무슨 내용인지 이해를 못하게 된다. 눈으로 글자를 보긴 했지만 뇌로는 사고할 수 없다.

다시 한 번 강조하지만, 독서는 눈이 아니라 뇌의 활동이다.

독서를 하는 사람들에게서 쉽게 나타나는 현상 중에 하나는 잡념이다. 독서를 시작하자마자 책의 내용과 무관한 잡념들이 끊임없이 발생한다. 집중을 못하기 때문에 책 읽는 속도는 더욱 더 느려지고 결국은 한 권의 책을 제대로 읽지 못하고 중도 포기하게 된다.

그렇다면 왜 이렇게 독서만 하면 없던 잡념들이 생기는 것일까? 그것은 바로 우뇌가 느린 독서의 속도를 참아내지 못하고 새로운 이미지들을 임의적으로 만들어내기 때문이다. 독서 속도가 빠르면 우뇌는 독서 속도에 맞추어 책 내용과 연관된 것들을 끊임없이 확장시키면서 이미지들을 만들어낼 것이다. 그러면 더욱더 몰입하게 되고 급기야 독서의 최고 경지라 할 수 있는 독서 삼매경에 빠지게 된다. 그러나 문제는 독서 속도가 느리기 때문에 우뇌는 책 내용과 무관한 전혀 엉뚱한 이미지들을 자체적으로 만들어내고, 그 결과 우리는 눈 따로, 뇌 따로, 생각 따로 노는 피상적인 독서만 하게 되는 것이다.

그렇게 집중이 안 되는 상태가 반복되면 안구 회귀는 계속해서 발생하게 되고 당연히 독서의 질은 낮아지게 된다. 결국 아무리 한 권의 책을 끝까지 다 읽는다 해도 남는 것은 하나도 없는 '수박 겉핥기'식 독서만 계속 하게 되는 것이다.

1차원 독서법에 머물러 있는가

사람들은 대개 자신이 현재 독서에 관한 한 무능력 상태에 있다는 것을 잘 의식하지 못한다. 자신이 독서하는 방법을 모르고 있다는 사실, 독서를 자유자재로 할 줄 모른다는 사실, 그리고 독서를 잘하기 위해서 독서법을 제대로 배워야 한다는 사실을 깨닫지 못한 채 사는 사람들이 적지 않다.

내가 이러한 사실을 깨닫게 된 것은 우연이 아니었다. 안정된 직장과 정기적인 수입을 포기하고 10개월 동안 무직자로 도서관에 매일 출근해서 하루 열 시간 넘게 책을 읽은 뒤에야 비로소 내가 독서 무능력자라는 사실을 깨달을 수 있었다.

1968년 제19회 멕시코 올림픽에서 딕 포스베리는 세계 최초로 배면뛰기를 창안해 시도했고, 세계 신기록을 세우며 금메달을 땄다. 많은 사람이 포스베리의 배면뛰기를 보고 충격에 빠졌다. 이전에는 정면뛰기 외에 다른 형태의 높이뛰기 방법이 있을 거라고 아무도 상상하지 못했다. 높이뛰기 종목에서 획기적인 높이뛰기 방법이 나오자, 갑자기 인류의 높이뛰기 수준이 한 단계 뛰어오른 것이다.

독서에도 기가 막힌 스킬들이 무궁무진하다. 그런데도 많은 사람이 글자를 처음 배울 때의 방법, 글자 하나하나를 순차적으로 읽는 그 방법만을 고집한다.

미국과 일본은 독서의 질과 양, 수준 등 독서력의 모든 측면에서 우리를 앞서 있다. 그럼에도 그들은 계속해서 새로운 독서 방법을 개발하기 위해 노력하고 있고, 독서력 향상을 아주 중요한 일로 생각한다.

독서를 많이 할수록 독서력은 더 필요하다. 특히 다독의 중요성은 책을 읽으면 읽을수록 더욱 절실히 깨닫게 된다.

독서광인 빌 게이츠가 간절하게 원하는 능력이 무엇인지 아는가? 그는 워런 버핏과 함께 출연했던 토크쇼에서 자신이 가장 원하는 능력은 '책을 아주 빨리 읽는 능력'이라고 말했다. 이미 보통 사람들보다 책을 훨씬 많이 읽는 것으로 알려진 독서광 빌 게이츠가 간절하게 원했던 한 가지 능력이 책을 더 빨리, 아주 빨리 읽는 능력이라는 사실은 우리에게 시사하는 바가 매우 크다.

5장

이것은 지금까지의 독서법과 다르다

사람들 대부분은 읽는 방법을 배우는 데
오랜 시간이 걸린다는 사실을 모른다.
나는 80년이 걸렸고, 지금도 완전하다고 말할 수 없다.

| 괴테 |

독서에 특화된 뇌

하버드대학교 최고의 뇌신경학자 마지드 포투히가 뇌의 비밀에 관해 밝혀낸 《좌뇌와 우뇌 사이》란 책에 보면 이런 문장이 나온다.

"신경과학계가 최근 수년 새에 정확히 파악하게 된 놀라운 사실은 인간의 뇌에게 기억력, 집중력, 문제해결력과 연관된 부분에는 '가소성'이 있다는 점이다. 다시 말해 뇌가 계속해서 변화할 수 있다는 얘기다. 뇌는 위축될 수도 있지만, 그만큼 '성장'하는 것도 가능하다. 또한 뇌의 두께, 밀도, 크기가 증가할 수도 있다. 나는 이러한 상태를 '뇌 기능의 강화'라 부른다."

과연 뇌를 성장시키는 핵심 전략이 따로 있을까? 있다면 무엇일까? 그가 말하는 뇌 성장 핵심 전략은 한 마디로 '시냅스 신생'이다.

"우리가 새로운 정보를 습득하면 그때마다 시냅스가 생겨나며, 계속해서 사용하면 시냅스가 한층 강화된다는 점은 이미 오래전에 알려진 사실이다. 하지만 효과적인 '뇌 훈련'을 통해 곧바로 시냅스 신생이 이루어진다는 사실은 최근에서야 알려졌다."

시냅스에 자극을 계속 주면 몇 주 지나지 않아 뇌 구조에 눈에 띌 만한 변화가 일어난다. 저글링을 하거나 골프를 칠 줄 아는 사람의 뇌를 살펴보면 손동작과 안구의 협응에 관여하는 소뇌, 후두엽 피질, 전두엽 등이 그렇지 않은 사람에 비해 활성화되고 그 크기도 더 큰 것을 알 수 있다. 그 원인 가운데 하나가 시냅스 신생이다. 발레리나나 농구선수, 수학자, 바이올리니스트, 택시기사, 그리고 새로운 기술을 연습하거나 배우는 사람의 뇌에서도 비슷한 양상을 관찰할 수 있다.

퀀텀 독서법은 뇌 훈련을 통해 시냅스 신생이 가능한 새로운 독서의 혁명, 독서의 신기술이다. 뇌 훈련으로 시냅스 신생을 가능하게 하여 뇌 구조의 변화를 가져다준다. 성인이 된 사람의 뇌에서 이런 시냅스 신생이 가능할까에 대해 뇌과학계 전반에서 불신이 팽배했지만, 혜성같이 나타난 프레드 게이지 박사가 기념비적인 연구 결과를 발표했다. 그는 솔크생명학연구소의 유전학 실험실에서 신경세포 신생 연구에 전념했던 유전학자였다. 박사와 그의 동료들은 1997년 획기적인 연구 결과를 발표했다.

> **"성인이 된 인간의 뇌에서도 신경세포가 만들어진다는 점을 최초로 밝혀냈다. 우리는 말기 암으로 사망한 성인 환자들의 뇌에서 새로 생성된 신경세포를 파악하고 그 숫자를 셌다. 연구 결과 성인기에도 인간의 뇌가 정체 상태에 있지 않다는 점이 입증되었다. 이는 뇌에 대한 우리의 사고방식을 뒤바꾸어 놓았으며, 나이가 들면 뇌가 계속해서 쇠퇴한다는 신화를 깨부수는 데 기여했다."**

결론은 이것이다. 우리 인간의 뇌는 어떻게 사용하느냐에 따라 충분히 더 젊고 창의적으로 변할 수 있다. 열심히 일하면서 바쁘게 사는 것만으로는 부족하다. 그래서 체계적인 훈련 과정과 강력한 스킬이 필요하다. 테니스를 잘 치고 싶다면, 테니스 코치를 찾아가 정식으로 배워야 한다. 골프를 제대로 즐기고 싶다면, 먼저 골프 전문가에게 가서 자세부터 스윙까지 하나씩 단계별로 배워야 한다. 독서법도 마찬가지다. 그래서 독학하는 사람은 성과가 높지 못하고 만족스럽지 못하다. 시간과 에너지를 투자해야, 제대로 배워 고수가 될 수 있는 것이다.

그럼에도 한 가지 사실이 증명되지 않거나 가능하지 않았다면, 지금의 퀀텀 독서법은 존재할 수 없었을 것이다. 그 사실은 바로 이것이다. "인지 자극 훈련이 뇌의 피질을 새롭게 창조한다."

이 사실이 증명되었고 밝혀졌기 때문에, 퀀텀 독서법의 성과가 설명된다고 할 수 있다. 그리고 아이러니하게도 퀀텀 독서법은 다양한 훈련과 스킬을 통해 바로 이것을 실제로 실천하고 있는 것이다. 퀀텀 독서법은 바로 이것을 가능하게 해준다.

엠마 G. 듀어든과 다니엘 라메르 뒤르 듀폰은 2008년, 신경과학학회지인 〈저널 오브 뉴로사이언스〉에 '훈련이 피질을 만든다practice makes cortex'라는 논문을 게재했다. 논문의 요지는 다음과 같다.

"새로운 정보나 기술을 습득하고 꾸준히 인지 기능 훈련을 하면 인지 기능이 개선되고 뇌 영역이 재구성된다. 뇌의 다른 영역과 소통하는 능력도 향상될 뿐 아니라 뉴런과 시냅스가 생성되고, 해마를 비롯한 피질 전반의 크기가 커진다."

퀀텀 독서법 훈련을 하고 스킬을 연습하면 뇌가 재구성되고, 기능이 향상되며, 크기도 커진다. 그렇다면 뇌의 전 영역에서 뇌가 재구성되고 새롭게 창조될 수 있는 것일까? 그렇다고 말할 수 있다.

"훈련을 통해 성장하는 영역이 해마에만 국한되지 않음은 당연한 일이다. 특정한 활동에 종사할 경우 전두엽, 두정엽, 측두엽의 중요 부위인 회색질gray matter 용적이 실질적으로 증가할 수도 있다."

2004년 훈련의 효과를 입증하는 연구가 발표되었다. 3개의 공을 저글링하는 훈련이었다. 연구진은 청년 24명을 두 그룹으로 분류하고 한 그룹만 저글링 훈련을 시켰다. 결론은 저글링 훈련을 하지 않은 사람들의 뇌에서는 아무런 변화가 없었지만, 저글링 훈련을 한 그룹은 이후 정밀 뇌 촬영 결과 감각 운동을 통합하는 데 필요한 두정 피질의 용적이 증가했음을 알 수 있었다.

다른 활동을 능숙하게 하는 사람들에게서도 비슷한 연구 결과가 있다. 이를테면 농구 선수는 눈과 손의 협응과 균형을 관장하는 소뇌가 성장한다. 수학자는 다른 이에 비해 측두엽이 크다. 골프 초보는 골프에 통달하게 될수록 피질의 감각 운동 영역이 증가한다.

퀀텀 독서법 훈련을 하면 보편적 독서 시스템이라고 불리는 전두엽, 측두-두정엽과 후두엽을 전반적으로 증가시키고 뇌를 재구성하여, 독서에 특화되고 강화된 '독서 뇌'를 최단기간에 만들어낼 수 있다. 여기서 언급한 것들이 전 세계가 주목하는 퀀텀 독서법의 뇌과학적 근거의 일부다.

평범한 초보 독서가가 어떻게 2~3주 만에 원 페이지를 한 번에 읽고 이해하는 원 페이지 리더로 단숨에 도약할 수 있을까? 퀀텀 독서법 수업에서는 이런 믿기 힘든 일이 비일비재하게 일어난다. 그 이유는 무엇일까? 과학적 근거가 있는 걸까?

퀀텀 독서법의 과학적 근거는 차고 넘친다. 이미 언급한 여러 뇌과학적 논문과 연구 결과가 부족하다면 아래의 근거는 어떨까.

뇌는 상상을 통해서도 뇌의 해부학적 구조를 바꿀 수 있다. 따라서 우리는 스스로 뇌를 변화시킬 수 있다. 이런 사실을 우리에게 알려준 이가 뉴욕 컬럼비아대학교 정신분석 훈련과 연구센터 교수인 노먼 도이지다. 그는 뇌과학의 수준을 한 단계 끌어올린 학자다. 오랫동안 우리는 뇌가 절대 스스로 변할 수 없다고 맹신했지만, 그의 이야기에 따르면 뇌는 플라스틱처럼 얼마든지 변형 가능하고, 정해진 영역이 손상되어도 다른 영역이 그 기능을 대신해줄 수 있다고 한다. 즉 운동피질이 제거된 동물들은 운동을 할 수 없다고 단순하게 생각해왔으나, 그 영역이 제거되어도 여전히 움직일 수 있고 운동할 수 있다는 사실을 밝혀낸 것이다.

노먼 도이지 교수는 뇌 가소성의 믿기 어려운 사례를 우리에게 보여주었다. 늙어가는 뇌를 다시 젊어지게 만들 뿐 아니라, 뇌졸중 환자들이 다시 일어나고, 만성 우울증 환자가 치료되며, 학습장애가 심한 사람이 학습하게 되고, 맹인들이 보는 법을 배우고, 자폐아가 회복되는 사례를 알려준다.

중요한 것은 실전이다. 이루어내는 것이 중요하다. 퀀텀 독서법은 기적이 아닌, 그저 성과를 만들어내고 성과가 계속 나오는 독서법 수업에 불과하다.

"독서는 시각적 인식visual perception에서 시작되어, 뇌의 인지 작용으로 완성된다. 지금까지는 이것이 전부였다. 퀀텀 리딩은 시각적 인식에 공간 감각, 시공간 감각을 추가하여 다중감각적 인식multiple sensory perception으로 시작해 뇌의 통합적, 초공간적 인지 작용으로 독서하게 해준다."

인간은 눈으로 책을 읽는 것이 아니나. 뇌로 읽는 것이다. 우리가 집중하고 발전시켜야 할 것은 눈이 아니라 뇌다.

이처럼 뇌를 조금만 변화시키면 그 이상도 가능하다. 퀀텀 독서법은 뇌 가소성을 활용한 최초의 독서법이다. 평생 간판이나 버스 숫자조차 읽지 못할 정도로 심한 난독증에 시달렸던 수강생이 2주 만에 많이 호전되어 과거에서 벗어나는 사례도 있었다.

인간 뇌의 한계가 어디까지일지 우리는 정확히 알 수 없다. 그 경지까지 올라본 인류는 아직 한 명도 없었기 때문이다. 그러나 가본 적이 없고 경험하지 못했다고, 무조건 틀렸을 것이고 아닐 것이라고 속단해서는 안 된다. 분명한 한 가지 사실이 있다.

"생각과 활동, 연습과 훈련을 통해서 우리는 스스로 뇌의 기능과 구조를 변경할 수 있다. 독서는 눈이 아닌 뇌로 하는 것이다. 그렇기 때문에 우리는 연습과 훈련을 통해 독서 뇌의 기능과 구조를 바꾸어, 독서의 수준과 차원을 변화시킬 수 있다."

퀀텀 독서법은 뇌의 기능과 구조를 바꾸는 최초의 독서법이자 독서의 기술이다.

2가지 키워드, 다중감각 & 초공간

앞서 인지과학자 찰스 퍼페티와 그의 연구팀이 '보편적 독서 시스템'으로 '전두엽, 측두-두정엽, 후두엽 영역'을 지명했다고 설명했다. 독서에는 측두-두정엽이 후두엽보다 더 중요하다고 말할 수 있는데, 그럼 측두-두정엽은 어떻게 훈련하고 활성화할 수 있을까? 먼저 두정엽은 어떤 영역인지 알아야 한다.

두정엽은 공간 감각 정보를 처리하고 분석하는 영역이다. 그리고 측두-두정엽 영역에서 측두 영역은 감각성 언어 정보를 처리하고 인지하는 베르니케 영역이 대표적이다. 따라서 두정엽과 베르니케 영역은 모두 퀀텀 독서법 훈련 스킬인 시공간 자극 스킬을 통해 활성화와 자극이 가능하다. 이뿐 아니라 감각적 사고와 공간 인식을 통합적으로 담당하는 우뇌도 퀀텀 독서법 훈련으로 활성화시킬 수 있다.

인간의 뇌는 다중감각적으로 정보를 인식할 때 훨씬 더 빠르고, 더 많이, 더 깊게 인식할 수 있다.

책을 읽는 행위는 언어뿐 아니라 시각적으로 영상을 머릿속에 떠올리는 경우가 많다. 이때 두정엽의 시공간 자극을 통해 뇌 기능을 극대화하면 더 빨리 읽으면서 이해할 수 있게 된다. 두정엽은 우리 몸에서 시공간 자극 인식 처리를 담당하는 부위이면서 동시에 언어를 텍스트로 바꾸어주는, 독서에서 가장 중요한 역할을 하기도 한다.

시공간 자극 스킬은 후두엽과 두정엽, 측두엽의 경계에 위치하면서 언어 이해를 담당하는 베르니케 영역 역시 자극하여 읽기와 이해 능력을 극대화시켜준다.

베르니케 영역은 1874년 독일의 신경정신의학자 칼 베르니케가 자신이 치료해준 많은 환자 중 베르니케 영역에 문제가 있는 환자들의 공통점을 발견한 것에서 비롯되었다. 이 영역이 망가진 환자들은 말은 잘할 수 있지만, 타인의 말을 이해하는 데는 어려움을 겪었다. 즉 언어의 구성과 이해가 별개로 분리되어 있다는 사실을 최초로 발견한 것이다.

나는 뒤에 설명할 전체 읽기, 주변시야 읽기, 원 페이지 읽기를 '초공간 리딩'이라고 이름 붙였는데, 초공간 리딩이 되기 위해서는 결국 우뇌를 활성화해야 한다. 감각적 사고와 공간 인식을 통합적으로 처리하고 담당하는 우뇌를 효과적으로 활성화시킬 수 있는 것이 바로 퀀텀 독서법의 다양한 시공간 자극 훈련과 스킬, 초공간 훈련과 스킬, 그리고 우뇌 활성화 훈련과 스킬이다.

퀀텀 독서법은 눈에 의지하는 것을 최대한 줄이고 뇌로 독서하는 법을 훈련한다. 이는 정보의 지각 속도를 빠르게 하고, 더욱 강화시키고, 인식의 깊이를 깊게 한다. 빨라질수록 이해력이 향상되는 수강생들의 사례가 이것을 말해주고 있다. 원 페이지 리더가 된 수강생들의 이해력이 훨씬 더 높다.

독서가 힘들고 답답하고 스트레스인 이유가 바로 이것이다. 인간은 2차원이 아닌 3차원 입체적으로 정보를 인식하도록 설계되었다. 그러나 불완전한 인간이 만든 책은 3차원이 아닌 2차 평면이고, 그것을 눈으로 이해하려니 어려운 것이다.

퀀텀 독서법의 다른 이름이 '브레인 하이퍼스페이스 리딩brain hyperspace reading'이라는 사실을 잊어서는 안 된다. 뇌를 열거나 만지지 않고 순식간에 초공간hyperspace 상태로 만들어, 마치 진공청소기가 먼지를 한순간에 빨아들이듯 여러 개의 문장을 한번에 읽고, 순식간에 이해하는 독서 경험을 가능하게 해준다. 이는 정확히 뇌의 세 영역을 자극하고 활성화하기 때문인데, 요약하자면 이렇다.

첫 번째, 시공간 등 감각 정보를 주로 처리하고 분석하는 두정엽

두 번째, 언어 정보의 인식과 이해를 담당하는 감각성 언어 영역인

베르니케 영역

세 번째, 감각적 사고와 공간 인식을 무의식적으로 종합·처리하고 담당하는 우뇌

독서의 가치를 극대화한다

누구나 독서 천재가 될 수 있는 퀀텀 독서법을 제대로 배우고 적용하기 위해서는 먼저 독서와 책에 대한 더 깊은 이해가 필요하다.

우선 책에 대해 살펴보자. 혹시 이런 질문을 던져본 적 있는가? 우리가 글자를 인식하는 데 중요한 부분은 글자의 어느 부분일까? 다시 말해 글자가 위아래 2등분으로 나뉘어 있을 때, 윗부분과 아랫부분 중 어느 부분이 글을 읽는 데 더 중요한 역할을 할까?

본문 중 일부를 사용해서 윗부분 반과 아랫부분 반을 그림과 같이 각각 가렸을 때 어느 정도 큰 문제없이 읽어 내려갈 수 있는지 확인해보자.

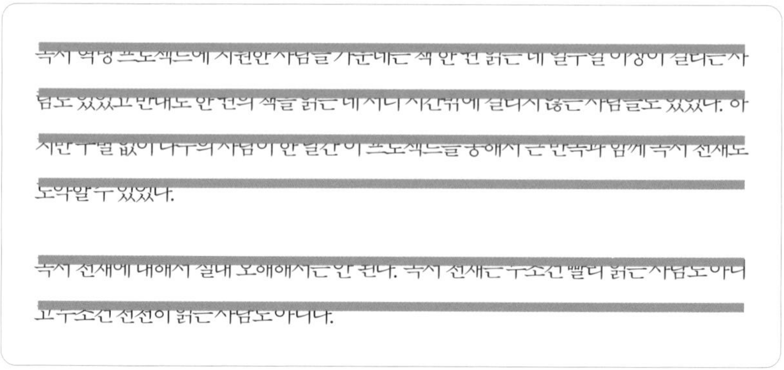

독서 혁명 프로젝트에 지원한 사람들 가운데는 책 한 권 읽는 데 일주일 이상이 걸리는 사람도 있었고 반대로 한 권의 책을 읽는 데 서너 시간밖에 걸리지 않는 사람들도 있었다. 하지만 구별 없이 다수의 사람이 한 달간 이 프로젝트를 통해서 큰 만족과 함께 독서 천재로 도약할 수 있었다.

독서 천재에 대해서 절대 오해해서는 안 된다. 독서 천재는 무조건 빨리 읽는 사람도 아니고 무조건 천천히 읽는 사람도 아니다.

▲ 그림 1. 글자 윗부분을 가렸을 때

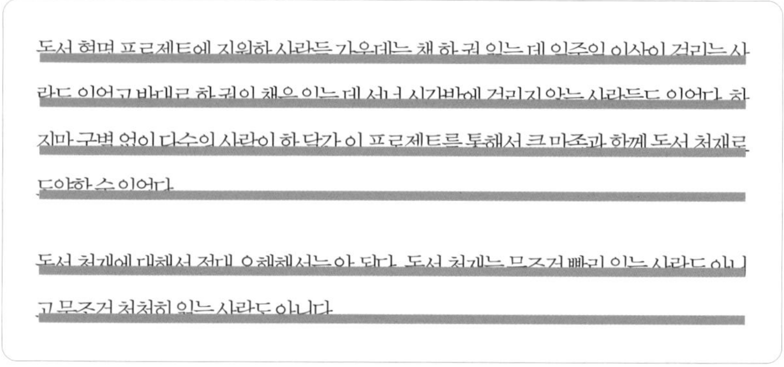

독서 혁명 프로젝트에 지원한 사람들 가운데는 책 한 권 읽는 데 일주일 이상이 걸리는 사람도 있었고 반대로 한 권의 책을 읽는 데 서너 시간밖에 걸리지 않는 사람들도 있었다. 하지만 구별 없이 다수의 사람이 한 달간 이 프로젝트를 통해서 큰 만족과 함께 독서 천재로 도약할 수 있었다.

독서 천재에 대해서 절대 오해해서는 안 된다. 독서 천재는 무조건 빨리 읽는 사람도 아니고 무조건 천천히 읽는 사람도 아니다.

▲ 그림 2. 글자 아랫부분을 가렸을 때

자, 어느 경우가 더 읽기 편한가? 아마도 사람들 대부분은 글자의 윗부분 반을 볼 때(그림 2)라고 대답할 것이다. 이를 통해 우리가 기억해야 할 사실은 글자 전부를 읽는 것은 불필요한 일이며 비경제적인 행동이라는 점이다.

윗부분만 읽어도 충분히 해독이 된다면 왜 전체를 다 읽으면서 우리의 자원을 낭비해야 하는가? 독서법은 이런 원리에서 시작되어야 한다.

케임브리지대학교에서 실시된 독서와 인간에 관한 흥미로운 연구가 있다. 아래 문장을 먼저 읽어보라.

케임브리지대학교의 연결구과에 따르면,
한 단어 안에서 글자가 어떤 순서로 배되열어 있는가 하것는은 중하요지 않고
첫째번과 마지막 글자가 올바른 위치에 있것는이 중하요다고 한다.
나머지 글들자은 완전히 엉진창망의 순서로 되어 있지을라도
당신은 아무 문없제이 이것을 읽을 수 있다.
왜하냐면 인간의 두뇌는 모든 글자를 하나하나 읽것는이 아니라
단어 하나를 전체로 인하식기 때이문다.

자! 어떤가? 충분히 정상적으로 내용을 이해하면서 읽을 수 있지 않았는가? 인간이 독서를 할 때 글자 하나하나를 읽는 것이 얼마나 큰 낭비이며 불필요한 행위인지를 이 연구는 잘 보여준다.

사실 우리는 글자 하나하나를 다 읽는 것이 아니라 단어 하나를 전체로 인식하며 읽는다. 그런데 여기서 조금만 더 훈련을 하면 한 줄 혹은 여러 줄을 전체로 인식하며 책을 읽을 수 있다. 그것이 바로 퀀텀 독서법에서 추구하는 것이다.

여러 줄을 한 번에 읽을 수 있는 독서 고수들은 본능적으로, 아니면 자기 나름의 훈련을 통해 가장 경제적으로 책을 읽는 방법을 발견해 낸 사람들이다.

인류는 책을 읽도록 태어나지 않았으며, 독서는 뇌가 새로운 것을 배워 스스로 재편성하는 과정에서 탄생한 인류의 기적적인 발명이다.

• 매리언 울프, 《책 읽는 뇌》 •

인간은 처음부터 책을 읽도록 만들어진 존재가 아니며, 책은 인간이 만든 발명품이다. 그런데 인간이 발명한 그 책이라는 것이 다시 인간의 뇌를 만든다는 사실을 알고 있었는가? 안타깝게도 이런 사실을 제대로 아는 사람은 많지 않다.

그렇다면 독서란 무엇일까?

일반적으로 우리는 독서를 지식과 정보를 획득하는 보조 수단 정도로 생각한다. 그러나 독서는 그리 단순하고 얕은 수준의 행위가 아니다. 독서는 만물의 영장인 인간마저 재창조할 수 있는 기적의 행위다.

책은 불가사의한 존재다. 불가사의한 존재인 책을 읽는 독서 행위 역시 매우 불가사의한 행위라는 사실을 제대로 인식해야 한다.

퀀텀 독서법이란?

우리는 사물을 볼 때 두 가지 방식으로 본다. 첫 번째는 의식적으로 초점을 맞추어 사물을 보는 우리가 알고 있는 '본다'는 행위다. 두 번째는 무의식적으로 사물을 보는 방식이다.

길을 가다가 갑자기 달려오는 자전거나 오토바이를 우리는 의식하지 않았지만 본능적으로 탐지하고 피한다. 바로 이 순간 우리는 무의식적으로 주변을 본 것이다. 이때 우리는 사물을 '역하자극sublimina' 이라는 아주 작은 크기의 자극으로 보기 때문에 의식하지 못한다.

역하자극이란 분명 존재하지만 그 크기가 너무 작아서 우리가 미처 의식하지 못하는 자극을 뜻한다.

1975년 미국의 한 극장에서 필름 사이사이에 다음과 같은 단어를 적어서 영화를 상영해 보여준 적이 있다.

“Drink cola(콜라를 마셔라).”

“Eat popcorn(팝콘을 먹어라).”

관객들은 영화를 보면서 수천 번 이상 이 단어들을 읽었고 보았다. 그러나 의식적으로 이 단어를 보거나 읽은 사람은 단 한 명도 없다. 그런데 영화가 끝난 후 많은 사람이 매점에 들러 콜라와 팝콘을 주문했다고 한다.

의식하지 못했다고 보지 않은 것은 아니다. 무의식은 살아 있다. 못 느낄 뿐 우리는 무의식의 영향을 크게 받으면서 살고 있다.

무의식에 대한 재미있는 논문이 2008년 〈네이처 뉴로사이언스〉에 실린 적이 있다. 〈Unconscious Determinants of Free Decisions in the Human Brain〉이라는 논문이다.

이 논문의 주장은 매우 충격적이다. 논문의 주장에 따르면 우리가 어떤 일을 의식적으로 결정할 때, 이미 그 결정을 하기 6~7초 전에 무의식이 해당 사안에 대한 판단을 내리며, 무의식의 그 판단을 의식이 명령받아 그대로 결정한다고 한다.

이런 무의식을 독서법에 접목하여 활용한 최초의 독서법이 바로 미국의 포토 리딩이다. 포토 리딩은 폴 쉴리가 창안한 독서법으로 잠재의식을 통해 정보를 처리하는 무의식의 능력을 활용한다.

그러나 포토 리딩은 그 효과 유무에 대한 의견이 분분하다. 일반인들이 따라 하기에는 포토 리딩이 너무 어려운 독서법이기 때문이다. 포토 리딩은 1초에 한 페이지씩 사진을 찍듯이 읽으라고 가르친다. 이때 무의식이 그것을 전혀 다른 방식으로 이해한다. 보통 독자들의 일반적인 방식, 즉 의식적으로 읽고 이해하는 방식이 아닌, 의식은 전혀 알지 못한 채 무의식이 읽고 이해하는 방식을 말한다. 쉽게 얘기하면 우리는 전혀 알지 못한 채로 무의식이 읽고 이해하고 저장하는 것이다.

이런 주장 앞에서 당황할 이들이 많을 것이다. 그럼에도 미국의 많은 기업이 이 독서법을 직원들에게 가르치고 있다. 아마 지금까지 접해보지 못했던 독서법이기 때문일 것이다.

그러나 일반인들이 쉽게 따라하기 힘든 탓에 폴 쉴리의 《포토 리딩》을 읽은 사람 중에서 실제로 포토 리딩을 할 수 있게 된 사람은 1퍼센트도 되지 않는다. 그런 의미에서 포토 리딩은 현실과는 거리가 먼 독서법이라고 할 수 있겠다.

반면에 퀀텀 리딩은 포토 리딩보다 한두 단계 더 발전했다. 즉 무의식적 독서를 포함하면서도 일반인들이 쉽게 훈련하고 따라 할 수 있도록 15가지 스킬을 제공한다는 점에서, 그리고 더 중요한 사실은 무의식적 독서와 의식 독서를 통합한 최초의 독서법이라는 점에서 모두를 위한 한 단계 더 향상된 무의식적 독서법이며, 포토 리딩을 뛰어넘어 이전의 그 어떤 독서법과도 차원이 다른 독서법이라고 할 수 있을 것이다. 이런 퀀텀 독서법이 기존의 독서법과 다른 점은 또 있다. 이는 무의식 독서와 함께 퀀텀 독서법을 독창적인 독서법으로 만들어 주는 것이기도 하다. 다른 차이를 만드는 것은 바로 다중 감각, 초공간 읽기, 입체적 읽기를 가능하게 해주는 원리이자 기능인 '차원'이다. 기존 독서법은 순차적·논리적·직렬적 독서법이다. 즉 평면적인 독서법이다. 그러나 퀀텀 리딩은 2차원 평면이 아니라 3차원을 넘어 4차원 이상의 입체적 독서법이다.

우리의 뇌는 직렬 형태로 작동하지 않음에도 불구하고 많은 이가 독서를 할 때 한 글자씩 순서대로 읽는다. 바로 여기서 기존 독서법의 한계가 발생한다.

퀀텀 리딩은 이러한 한계를 뛰어넘는 획기적이고도 혁신적인, 새로운 차원의 독서법이다. 그래서 혼란스러울 수도 있다. 그러나 혁명적인 것은 언제나 그렇듯 혼란을 가져오는 법이다. 또한 혁명이라고 불릴 만큼 새로운 것이어야 효과가 나오는 것이다. 퀀텀 리딩이 바로 그렇다. 기존의 독서법과는 달라도 너무 다르기 때문이다. 그러나 확실한 것은 우리의 독서력에 엄청난 변화를 가져온다는 점이다.

브레인스토밍에 대해서는 다들 한 번씩 들어봤을 것이다. 브레인스토밍은 말 그대로 '뇌brain에 바람을 일으키는storming 것'이다. 여러 사람을 모아 폭풍처럼 다양한 아이디어를 쏟아내게 하면 그 가운데 이전과 다른 좋은 아이디어가 나온다는 것이다.

알고 보면 별것 아니지만 효과가 입증되면서 전 세계적으로 많은 기업이 활용하는 집단지성 사용 방법 중 하나가 됐다.

'브레인 하이퍼스페이스 리딩'인 퀀텀 리딩은 뇌를 순간적으로 초공간 상태로 만들어 한 번에 여러 줄을 읽을 수 있게 하여 기존 독서 속도보다 훨씬 빨리 책을 읽게 해주는 기법이다.

초공간超空間이란 4차원 이상으로 이뤄진 공간을 의미한다. 우리가 사는 우주space를 일반적인 공간이라고 보면, 초공간은 뉴턴과 아인슈타인의 물리 법칙이 적용되지 않는 특수한 공간이다.

생각해보자. 영화 〈스타워즈〉에서 소개된 바 있는 초공간 도약이 바로 이렇게 특수한 공간을 잘 이해할 수 있게 도와준다. 영화 속에서는 기존의 물리 법칙이 적용되지 않는 초공간을 통해서 광속 이상의 속도로 비행하는 것을 볼 수 있다.

즉 초공간은 우리가 살고 있는 공간이 아니라, 한 차원 더 높은 세계의 공간이다. 우리는 2차원이라는 공간에 살고 있다. 누군가가 3차원인 입체에서 2차원인 평면으로 내려온다면, 그는 우리에게 갑자기 공간을 초월해서 나타난 초능력자가 될 것이다. 같은 원리로 누군가가 3차원으로 올라가거나 내려가면 평면의 세계에 살고 있는 우리들은 그 사람이 갑자기 사라져버린 것처럼 느낄 것이다.

이것을 한 차원 더 확장시켜서 우리가 모르는 또 다른 하나의 차원, 즉 4차원 세계로 누군가가 이동한다는 것은 도저히 이해할 수 없는 순간 이동, 타임슬립과 같은 현상이 될 것이다. 차원의 벽을 넘어서 순간적으로 시간과 공간의 왜곡처럼 느껴지는 순간 이동, 타임슬립이 초공간 도약인 것이다.

우리는 이제까지 평면적이고, 순차적인, 직렬적 사고로 독서를 해왔다. 그러나 지금부터는 입체적이고, 통합적인 병렬적 사고로 독서를 하려고 노력해야 한다. 그 대표적인 것이 한 글자씩 순차적으로 읽는 독서가 아니라 한 줄을 통으로 보는 독서다.

퀀텀 점프에서 착안한 퀀텀 리딩

'퀀텀 점프quantum jump'라는 말은 원래 물리학 용어로, 양자역학의 근간을 마련한 독일 물리학자 막스 플랑크가 주창한 이론이다.

퀀텀 점프는 원자 등 양자가 에너지를 흡수해 다른 상태로 변화할 때 서서히 변하는 것이 아니라 일정 수준에서 급속도로 변하는 것을 의미한다. 양자가 에너지를 흡수한 상태는 들뜬 상태, 에너지를 방출한 상태는 바닥 상태라고 한다.

경제학에서는 이러한 개념을 응용해서 혁신을 통해 단기간에 비약적으로 실적이 호전되는 경우, 구체적으로 전년도 대비 30퍼센트 이상 성장했을 경우 '퀀텀 점프'라는 용어를 사용한다.

기술적인 분야에서도 하나의 기술이 성숙기에 이르기 전에 그것을 뛰어넘는 더 혁신적인 기술이 나타나 이를 무력화시키는 경우가 많은데, 뒤에 나타난 기술이 앞의 기술을 창조적으로 파괴하는 형태를 보이기도 한다. 이런 경우에도 퀀텀 점프라는 말을 사용한다.

한마디로 천천히 순차적으로 발전하는 것이 아니라 비약적인 발전을 할 때 퀀텀 점프라고 말한다. 우리가 가장 쉽게 이해할 수 있는 퀀텀 점프는 흑백 TV 시대에서 컬러 TV 시대로의 전환이다.

퀀텀 점프 이론에서 독서법을 착안한 것은 나의 경험 때문이다. 나는 3년간 도서관에서 필사적으로 책을 읽으면서 독서 능력이 퀀텀 점프처럼 향상되는 것을 경험했다. 그 경험을 이론적으로 정리하면서 내가 고안한 독서법의 원리나 효과가 퀀텀 점프 이론에서 말하는 것과 비슷하다고 생각해 이름을 '퀀텀'으로 붙이게 되었다.

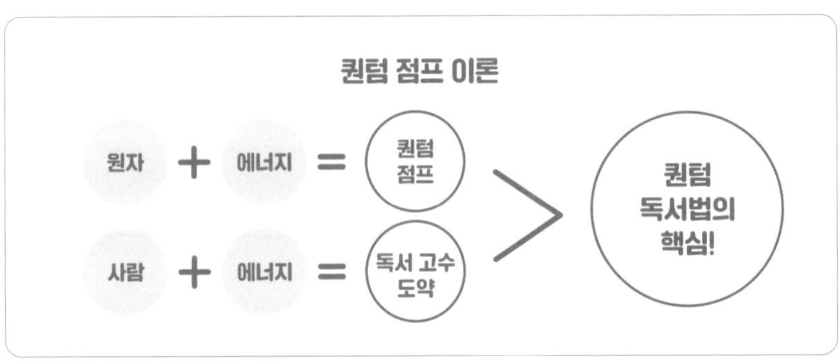

40대가 될 때까지 책 한 권 제대로 읽어본 적 없는, 당연히 독서력도 초보 수준이었던 내가 3년이라는 단기간에 1만 권의 독서를 할 수

있었던 것은 바로 퀀텀 리딩 덕분이었다.

퀀텀 점프가 이루어지기 위해서는 반드시 에너지가 필요하다. 이는 독서에서도 마찬가지다. 평범한 사람이 하루에 열 권 이상 책을 읽을 수 있는 독서 천재로 도약하기 위해서는 반드시 에너지가 필요하다.

이 에너지에는 여러 종류가 있다. 어떤 사람에게는 광기가, 어떤 사람에게는 의식 혁명이, 어떤 사람에게는 열정이, 또 어떤 사람에게는 열등감이 에너지다.

나는 광기를 에너지 삼아 퀀텀 점프를 이루어냈다. 책에 미치자 책을 읽는 방법이 바뀌고 책을 대하는 태도가 달라졌다. 물론 아무리 책에 미치더라도 단번에 독서 천재가 되는 것은 아니다. 나에게는 3년의 시간이 필요했다.

아래의 두 그림을 보자. 왼쪽 그림이 퀀텀 독서를 표현한 것이다. 오른쪽 그림은 일반적인 독서라고 보면 되겠다.

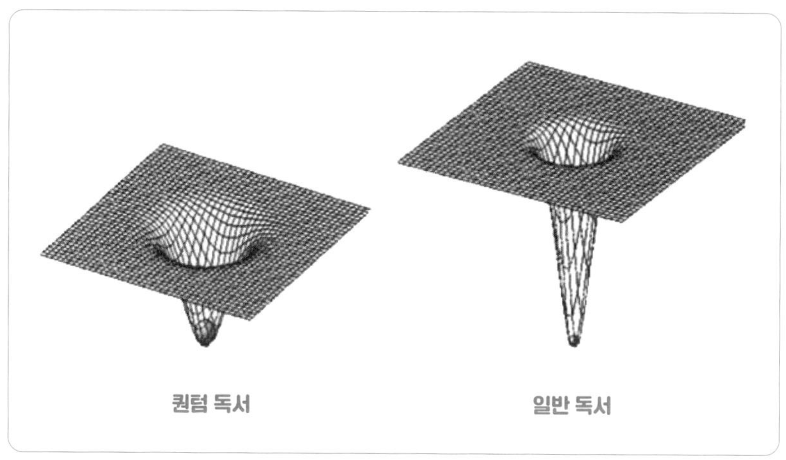
퀀텀 독서　　일반 독서

퀀텀 독서는 양자가 에너지를 흡수하여 들뜬 상태로 독서하는 것을 의미하고, 일반 독서는 무거운 상태로 시간이 많이 걸리고 힘든 독서를 말한다.

그림 속 넓은 면을 보라. 왼쪽 끝 모서리에서 오른쪽 끝 모서리까지 가는 것을 완독이라고 할 때, 어느 그림이 더 쉽고 빠를까? 왼쪽 그림이다. 오른쪽 그림은 무겁기 때문에 완독하는 시간이 오래 걸릴 뿐만 아니라 책 한 권을 완독하고 나면 에너지가 방전되어 다음 책을 읽을 에너지가 없게 된다. 지치고 힘든 독서가 바로 일반 독서이다.

그러나 퀀텀 리딩은 책 한 권 읽는 것이 쉽고 재미있다. 들뜬 상태로 읽을 수 있을 뿐 아니라 시간과 노력도 일반 독서에 비해 훨씬 적게 들기 때문이다.

퀀텀 리딩의 가장 큰 특징은 눈에 의지하는 것을 최대한 줄이고, 뇌에 의지한다는 것이다. 그리고 무엇보다 무의식적 독서, 다중감각적

	의식적 독서	무의식적 독서
기반	눈에 기반	뇌에 기반
주된 활동	이해, 해독	사고
사고 형태	평면적	입체적
독서 스타일	순차적	동시적
이해 형태	표면적 이해	내면적 이해
독서 두께	얇은 독서	두꺼운 독서

* 눈에 의지하는 것을 줄여야 다중감각적 독서가 가능하다. 눈은 부드럽게 50퍼센트만 사용하라!

독서, 입체적 독서를 강조한다.

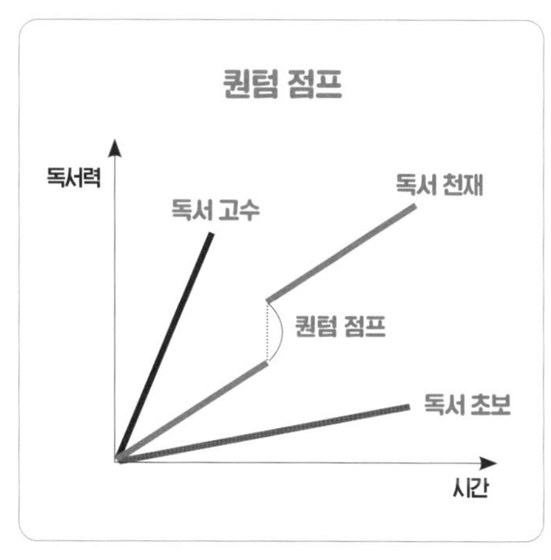

기존의 독서가 평면적이고 순차적이며, 얕은 이해, 즉 의식적·표면적 이해 위주였다면, 퀀텀 리딩은 무의식적이고, 입체적·동시적·내면적 이해를 이끈다. 퀀텀 리딩은 뇌의 사고 구조를 바꿔 평면적 사고에서 입체적 사고를 하게 만드는 독서법이다.

"우리는 보이는 것을 읽는 게 아니라 생각하는 것을 읽는다."

나는 이렇게 주장한다. 그리고 이 사실을 아는 것은 아주 중요하다. 우리가 생각하고 있는 것이 많다면, 한 번에 읽는 양도 많아질 수 있다. 독서의 본질은 글자 해독이 아니다. 독서의 본질은 뇌의 고차원적인 사고 작용, 즉 생각하기다. 독서는 디코딩이 아니라 씽킹이다! 그래서 진정한 독서혁명은 시폭 확대 운동과 같은 눈 운동이 아니라 뇌 강화 훈련 같은 뇌 운동에 집중할 수밖에 없다. 다시 한 번 강조하지만 '독서는 씽킹이다!reading is thinking'

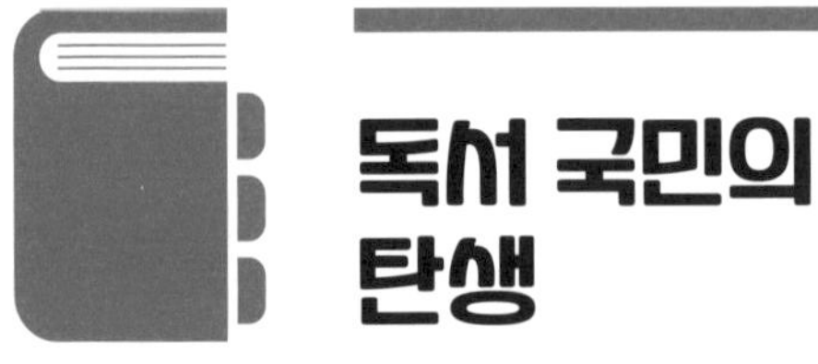

독서 국민의 탄생

일본은 '독서입국'한 나라다. 즉 독서의 힘으로 세운 나라다. 그만큼 독서 천재도 많고 독서법에 대해서도 관심이 많다. 그래서 속독법을 비롯한 수많은 독서법이 존재하는 나라다. 뿐만 아니라 1만 권 이상의 책을 독파한 독서의 대가들이 즐비하다. 심지어 2만~3만 권 이상 읽은 것으로 추측되는 이들도 적지 않다. 그런데 일본조차 독일과는 비교가 안 된다.

2019년 기준으로 볼 때, 한국의 인구 10만 명당 도서관 수는 2.2곳이다. 도서관 인프라가 잘 갖춰진 독일은 인구 10만 명당으로 계산해도 8.6곳이나 된다. 비단 독일까진 아니더라도 다른 선진국들에 비해 우리나라는 아직도 부족하다.

물론 우리나라도 엄청난 노력을 하고 있다. 책을 사랑하는 애서가들이 있고 독서의 중요성을 알고 실천하는 의식이 깨어 있는 사람들이 적지 않다. 그 덕분에 국립중앙도서관이 2015년 5월에 세계에서 15번째로 장서 1,000만 권 시대를 열었다. 그리고 2021년 12월 기준으로 1,330만 권의 장서를 보유하고 있고, 이 추세라면 늦어도 2025년에는 1,500만 권 시대를 열 것으로 보인다. 국가 지식의 보고이자 지혜의 원천으로서 국립중앙도서관이 우리나라의 미래를 밝게 하고 있다. 그러나 갈 길은 여전히 멀다. 아무리 1,300만 권의 책을 보유하고 있다 해도 그것을 읽을 사람들의 독서량과 독서력이 바닥 수준이라면, 1,300만 권의 책은 그저 그림의 떡일 뿐이다. 우리에게 시급한 과제는

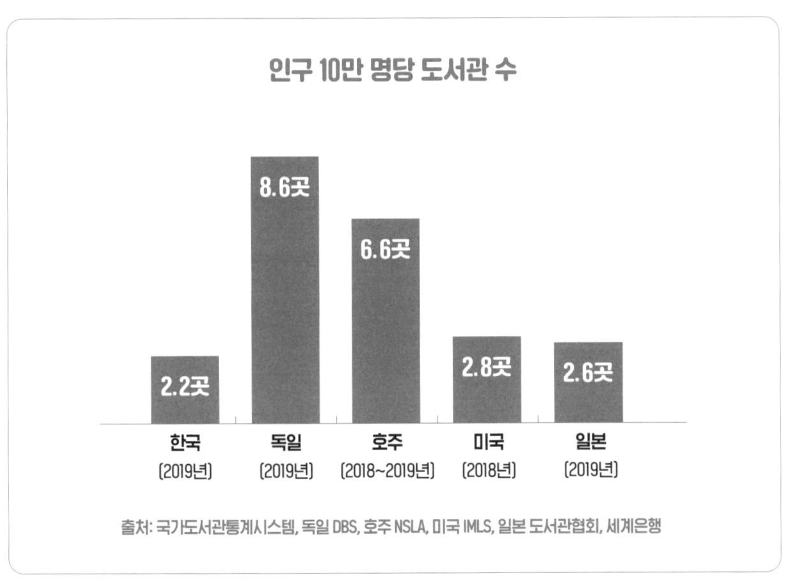

독서의 양과 두께, 독서력의 수준과 차원을 높이는 데 있다.

국가 경쟁력은 군사력, 국토, 인구, 자본과 같은 하드웨어가 아니다. 국민들의 정신, 의식, 지혜, 즉 소프트웨어다. 그런 점에서 독서 국민의 탄생이 절실하게 필요하다. 독서의 대가가 많은 나라가 되면 그 나라의 경쟁력은 당연히 높아진다.

문제는 독서법이다. 우리의 독서법이 일제 강점기 때 말살당했다는 사실을 아는 이는 많지 않다. 그때 우리는 국토만 빼앗겼던 것이 아니라 선조들의 독서법까지 빼앗겼던 것이다. 그리고 그것이 100년이 지난 지금도 회복될 기미를 보이지 않고 있다.

원래 우리나라는 독서 강국이었다. 우리 선조들은 모두 책을 읽었고, 책을 썼다. 세계 최고의 인문학 국가였다. 그것을 회복하는 것이 나와 당신, 이 시대를 살아가고 있는 우리 모두의 숙제이다.

퀀텀 리딩은 대한민국의 어느 40대 남성이 잘 다니던 회사도 포기하고, 거액 연봉도 포기하고, 세상의 성공과 경력도 포기하고, 오롯이 3년 동안 도서관에서 밥 먹고 책만 읽으면서, 스스로 퀀텀 점프를 하고 나서 만든, 전 세계가 주목하는 한국의 첫 번째 K-독서법이다.

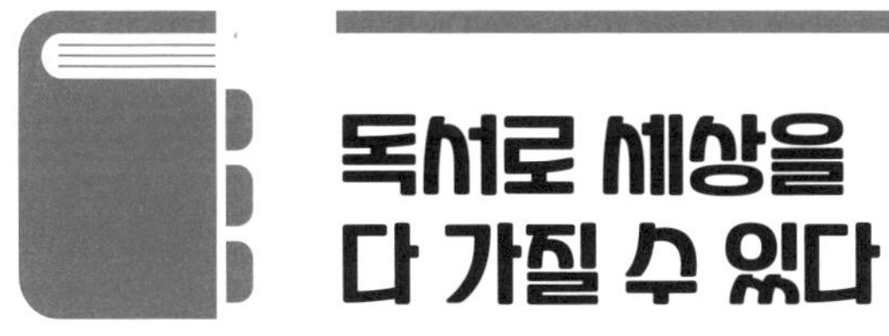

독서로 세상을 다 가질 수 있다

이 책은 문학 독법은 다루지 않는다. 다시 말해 퀀텀 리딩은 즐기면서 천천히 문학을 읽는 사람들을 위한 독서법이 아니다. 이 책에서 소개하는 독서법은 철저하게 실용서 독법이다. 비문학(논픽션)이라면 퀀텀 리딩에 매우 적합하다. 혹시 소설을 읽을 때 책의 내용이나 줄거리를 먼저 파악한 뒤 천천히 음미하고 싶은 독자가 있다면, 또한 아주 유용할 것이다.

자신의 취미 생활이나 업무와 관련해서, 혹은 학과 시험이나 리포트 작성을 위해서 반드시 읽어야 하거나 빨리 읽고 해치워야 하는 책이 있다면, 그런 사람들에게는 퀀텀 리딩이 매우 합리적인 독서법이 될 것이다.

독서 방법은 정말 다양하다. 그 중에서 책에 따라 환경에 따라 혹은 그날의 기분에 따라 자신에게 맞는 방법을 선택해서 활용하면 된다. 내가 생각하는 최고의 독서 천재는 바로 이런 사람들이다. 때로는 속독을 하고, 때로는 숙독을 하고, 때로는 초독을 하는 사람. 이런 다양한 독서법을 자유자재로 활용하면서 수많은 책을 자기 마음대로 부리고 꿰뚫어보고 통합하고 분류하고 통찰할 수 있는 사람. 그가 바로 최고의 독서 천재다.

그래서 독서 고수일수록 책을 마음대로 읽는다. 일본에는 열 권의 책을 동시에 읽는 사람도 있고, 한 권의 책을 몇 년 동안 읽는 사람도 있다.

당신이 독서를 제대로 해보기로 마음먹었다면, 독서를 통해 세상을 다 가져보는 것은 어떨까?

사실 나는 세상을 다 가지기 위해 독서를 시작한 것은 아니었다. 11년 동안의 직장 생활에서 발견하지 못한 제대로 된 내 인생을 발견하기 위해 책을 읽기 시작했고, 나중에는 독서의 즐거움이 너무 커 평생 책만 읽겠다는 생각으로 독서를 했다. 세상에게 스스로 버림받는 길을 선택하기 위해 독서를 했다. 그런데 10년이 지난 지금 결과는 정반대가 되었다.

세상은 오히려 나를 원했다. 그 결과 나는 세상을 다 가지는 독서를 하는 사람이 되었다. 부와 명예를 얻게 되었고, 지금은 많은 사람의 사랑을 받으며 살아가고 있다.

그런데 독서를 아무리 해도 세상에서 버림받고, 회사에서 해고당하고, 여자에게 차이고, 가족에게 무시당하는 사람들이 있다. 이런 사람들은 세상에서 버림받는 독서를 하는 사람들이다. 이런 독서의 가장 큰 특징은 독서량이 절대적으로 적고, 읽어도 특정 분야에 국한된 편협한 독서라는 것이다. 더 큰 특징은 지식과 정보만 얻는 독서에 머문다는 것이다.

진짜 독서는 세상을 내다보는 통찰력을 선사하고 더 나은 사고력을 길러준다. 그런데 후자의 독서가들은 통찰력과 사고력 같은 본질적인 힘보다는 지금 당장 써먹을 수 있는 지식과 정보에만 관심을 기울인다. 마치 정답 자판기에서 정답만 뽑아먹는 것과 다르지 않다.

그러나 진짜 독서는 그런 것이 아니다. 독서는 책 속의 지식과 정보를 통해 책 속에는 없는 더 큰 차원의 세계로 나아가는 과정이다. 그리고 이런 과정을 통해 독자들의 뇌가 물리적으로 바뀌고, 전혀 다른 사람으로 환골탈태하게 되는 것이다.

독서로 세상을 다 가지는 자와 그러지 못한 자의 가장 큰 차이는 책 읽는 자세와 마인드다. 전자는 독서를 하는 데 시간과 노력과 돈을 아끼지 않는다. 내가 그랬다. 직장을 그만두지 않았다면 억대 연봉을 받았을 것이고, 먹고살 수 있는 노력과 에너지를 직장 생활에 투자했을 것이다. 그러나 나는 하루 열 시간 이상을 독서에 투자했고, 억대 연봉보다 독서를 선택했으며, 온종일 도서관의 딱딱한 의자에 앉아서 책 읽는 것을 즐겼다.

반면에 후자는 독서하는 데 시간을 투자하지 않는다. 돈도 투자하지 않는다. 노력도 기울이지 않는다. 바쁘게 살다가 잠깐 짬이 생기면 취미 생활을 하고, 취미 생활을 다 누리고 나서도 시간이 남으면 그제야 책을 좀 보려고 한다. 겨우 책을 보면서도 눈만 책에 있고 마음과 의식은 온통 다른 세상으로 가득 차 있다. 집중해서 독서를 하는 것이 아니다. 그저 글씨만 읽는 것이다. 도능독과 다를 바 없다. 그것마저도 책 한 권 읽는 데 다섯 시간, 열 시간이 걸린다. 너무 늦게 읽기 때문에 제대로 이해할 수 없는 것이다.

원 페이지 리딩이 과연 가능한가?

독자들 중에는 이런 의심을 가지는 이가 있을 것이다.

'원 페이지 리딩이 과연 가능할까?'

'사람이 한 번에 한 페이지를 통째로 읽고 이해한다는 것이 정말 가능하다고?'

무슨 말도 안 되는 소리냐고 반문하는 사람도 많을 것이다. 그러나 이것은 실제로 가능하다. 수강생 중에 원 페이지 리딩이 가능해진 사람들이 적지 않게 배출되었다.

다음은 독서혁명 프로젝트 1기 수강생 중 한 명의 수강 후기다.

"프로젝트 동안 회사 업무 때문에 훈련을 거의 하지 못하고 프로젝트 마지막 한 주 동안만 연습을 했는데 하루에 책 한 권도 못 읽던 제가 다섯 권을 읽게 되었으며, 오늘은 세 시간 만에 두 권의 책을 읽었습니다. 일주일 이내에 1H1B이 가능할 것 같습니다.

체험을 간략하게 말씀드리면…… 선생님이 가르쳐주신 대로 퀀텀 독서법과 독서혁명 스킬로 책을 읽으니 속도가 엄청 빨라진 점은 두말할 것도 없고요.

오른쪽 뇌와 뒤통수(후뇌부가 맞나요?)에 상당한 자극이 오는 것을 느끼게 되었습니다.

또한, 제 수준보다 높은 책은 느리게 읽히며 손이 떨리는 경험을 하였습니다. 프로젝트 중 뇌는 호기심을 좋아한다는 선생님의 말씀과 일치했습니다.

오늘 오전에 책을 읽으면서 선생님께서 말씀하신 '독서는 눈으로 읽는 것이 아니라 뇌로 읽는 것이다'라는 말을 체험했습니다.

이전에는 의식적으로 눈으로 읽어 내려갔으나 오전에는 의식을 하지 않았음에도 뇌가 책을 읽어 내려가고 있었습니다. 눈은 그저 쫓아가기 바쁜 것처럼 느꼈습니다. 이런 적이 처음이라 정말 깜짝 놀라서 등골이 오싹할 정도였습니다."

다음은 원 페이지 리딩을 경험한 후기다.

"독서를 하던 중에 갑자기 한 페이지가 보이기 시작했습니다! 그리고 속발음이 없어지고 책을 파고드는 느낌이 들었습니다! 머리도 맑아지고요!

그러고 나서 책을 읽는 것이 너무도 편안했습니다. 갑작스러워 놀랐지만 작가님이 수업 중에 말씀하셨던 현상들이 나타난 것 같습니다! 너무 놀라운 경험이었습니다!

무엇보다 예전처럼 읽는 것이 싫다는 느낌이 왔습니다!

일하는 도중에 잠깐 쉬는 시간이라 책을 보고 있었는데 훅 들어왔습니다!"

분명한 사실은 이것이다. 독서혁명 프로젝트에 참여한 모든 사람이 100퍼센트 독서 천재가 되는 것은 아니다. 그러나 이 독서법을 통해 일독오행, 일독십행, 심지어 원 페이지 리딩처럼 놀라운 변화를 경험한 이들이 많았다는 것도 사실이다.

나는 독서혁명 프로젝트를 이 한 권에 담기 위해 노력했다. 책을 읽는 모든 사람이 이 책에서 소개하는 훈련법을 3주 동안 꾸준히 훈련한 후 원 페이지 리딩이나 일독오행 혹은 일독십행을 하게 되기를 진심으로 소망한다.

6장

인생을 바꾸는 퀀텀 리딩 스킬 15단계

연습만이 완벽을 만든다.

| 아리스토텔레스 |

왜 3주가 필요한가?

궁금하지 않은가? 세계 최강의 독서 스킬과 독서법이라면 훈련을 하자마자 당장 효과가 나와야 하지 않은가? 그런데 왜 3주가 필요하다고 하는 것일까?

독서혁명 프로젝트 참여자 중에 첫 수업 때 퀀텀 점프를 하는 이들도 적지 않았다. 그러나 그런 분들은 앞으로 설명할 평탄면의 뒷부분에 있었던 사람들이다. 즉 자기 나름대로 오랫동안 독서 훈련을 해온 이들이었다. 뇌과학적으로 설명하자면 새로운 시냅스가 형성되는 과정에서 마지막 단계인 미엘린 응고 과정에 있었던 분들이라는 말이다.

그렇다면 평탄면은 무엇이고, 또 미엘린은 무엇인가? 지금부터 차근차근 설명하겠다.

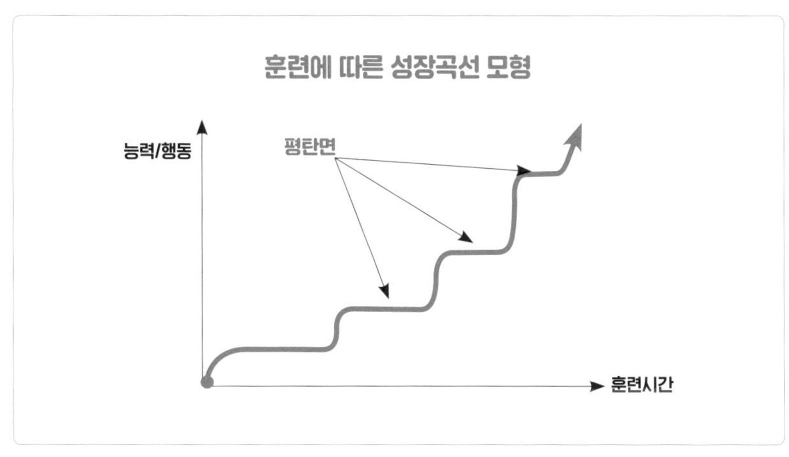

먼저 '평탄면'이란 기복이 거의 없이 평탄화된 지표면을 지칭하는 단어다. 그런데 이 단어처럼 기복이 거의 없는 상태가 우리에게도 어김없이 발생한다. 수영을 배우거나, 악기를 배우거나, 공부를 하거나, 독서를 할 때 우리가 경험하는 현상이다.

무엇인가를 배울 때 우리는 절대로 계속 상승곡선을 그리며 성장하지 않는다. 노력을 기울이는데도 불구하고 실력이 전혀 늘지 않는 때가 반드시 있다. 무언가를 배우는 사람들이 보통 '나는 여기까지인가 보다' 하며 포기하는 바로 그 단계, 그때가 바로 평탄면 단계라 할 수 있다.

나도 도서관에서의 첫 1년은 독서력에 변화가 너무 없어 실망과 좌절을 반복하며 무척 힘든 시간을 보냈다. 그러다가 어느 순간 퀀텀 점프를 경험하게 되었다. 한동안 평탄면을 유지하다가 또 어느 순간 퀀텀 점프를 했다. 갈수록 평탄면의 길이(시간)는 짧아졌고 퀀텀 점프의 높이는 높아졌다.

모든 훈련이 이런 성장 곡선을 가진다. 만약 누군가 퀀텀 리딩 훈련을 2~3주 했는데도 눈에 보이는 성과가 하나도 없어 실망하고 포기를 선언했다면, 어쩌면 그는 퀀텀 점프하기 일보 직전에 멈춰 서버렸는지도 모른다.

독서혁명 프로젝트 수강생 중에 4주간의 훈련을 거쳤는데도 성장을 경험하지 못한 분이 있었다. 그러나 이 분은 포기하지 않고 4주 수업을 마친 후에도 혼자서 꾸준히 훈련을 했다고 한다. 그리고 한 달 정도 후에 어느 순간 원 페이지 리딩을 하게 되었다며 나에게 메일을 보내왔다.

사람에 따라 가시적 성과가 나오는 기간이 다르다. 1~2주만 훈련해도 성과를 경험하는 이가 있지만 어떤 사람은 그보다 오래 걸리기도 한다. 그간의 경험을 보면 평균 기간은 대략 3주 정도였다.

봄에서 여름으로 바뀌는 것도 알고 보면 퀀텀 점프다. 서서히 더워지는 것 같지만 어느 날 순식간에 더워진다. 마찬가지로 어느 날 갑자기 추워진다.

그렇다면 왜 우리는 무언가를 배울 때 평탄면이라는 견디기 힘든 시간을 경험해야 할까? 아무리 노력해도 실력이 전혀 늘지 않는 괴로운 시간을 말이다. 그것은 바로 우리 뇌의 구조와 속성 때문이다.

우리 뇌의 뉴런들 사이에는 수많은 시냅스가 형성되어 있고, 지금도 형성되고 있다. 독서를 많이 하는 사람들은 매일 새로운 시냅스가 생성되고, 새로운 기술이나 운동을 배우는 사람들에게도 역시 새로운 시냅스들이 끊임없이 만들어지고 있다.

그런데 이 시냅스들은 생기자마자 바로 전기화학적으로 연결되는 것이 아니다. 새롭게 형성된 시냅스들은 감전이 일어나지 않게 전선의 피복 같은 것을 입게 된다. 그리고 시간을 들여 그 피복을 굳혀야만 비로소 시냅스로서의 역할을 할 수 있게 된다.

이때 전선 피복에 해당하는 것이 바로 '미엘린'이라는 물질이다. 성장곡선에 평탄면 같은 인고의 시간이 필요한 이유가 된다. 바로 시냅스가 제 기능을 발휘할 수 있도록 미엘린이 응고되어야 하기 때문이다. 이 과정을 미엘린 응고 과정이라고 부른다. 즉 평탄면의 시간은 미엘린 응고 시간과 비례한다고 보면 된다.

정리하면 이렇다. 우리가 무엇인가를 배우거나 익힐 때, 실력이 처음부터 향상되지 않고 평탄면이라는 지루한 시간을 통과해야만 하는 이유는 미엘린 응고 과정을 거쳐야만 시냅스를 제대로 이용할 수 있기 때문이다. 이 과정을 거쳐야 우리는 실력의 도약을 경험할 수 있다.

그러니 기억하자. 한두 번, 하루 이틀 노력했다고 실력은 퀀텀 점프하지 않는다. 최소 3주는 해야 퀀텀 점프를 경험할 수 있다. 습관이 형성되는 데 최소 21일 정도가 필요한 것도 바로 미엘린 응고 과정을 반드시 지나야 하기 때문이다.

뇌신경 네트워크의 발달과 티핑 포인트의 관계를 살펴보면 하수와 고수의 차이를 쉽게 알 수 있다. 노력에 따른 가시적인 효과는 계단식

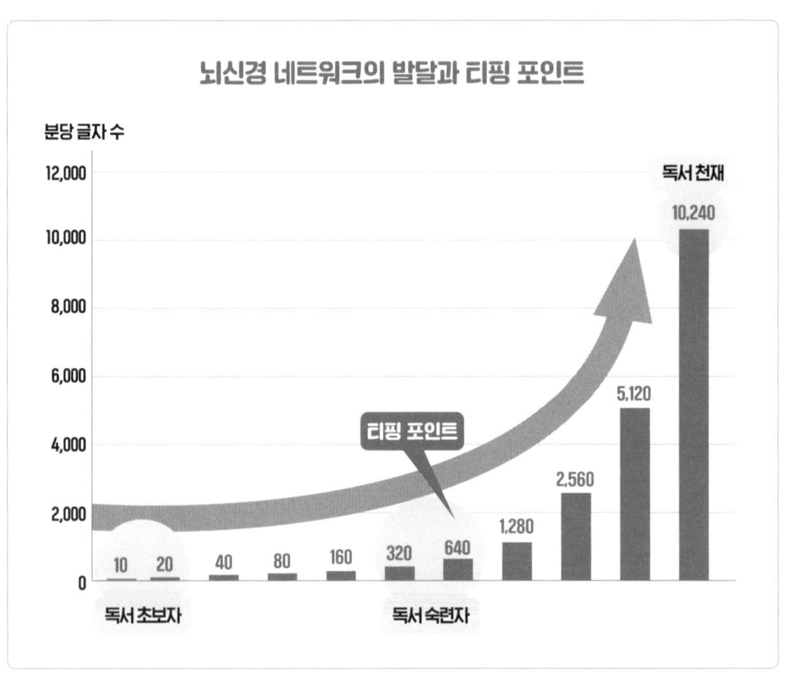

으로 나타난다. 평탄면이 있기 때문이다. 즉 미엘린 응고 과정이 필요하기 때문이다. 그래서 그냥 쭉 상승하는 것이 아니라 일정 기간 동안의 노력이 필요하다.

당장 눈에 보이는 효과가 없다 하더라도 멈추거나 포기하지 않고 계속 노력을 기울여야 하는 이유가 여기에 있다. 처음에는 성장이 더디고 작다. 그러나 어느 지점, 즉 티핑 포인트를 넘어가게 되면 그때부터 실력은 어제와 오늘 다르고, 한 시간 전과 한 시간 후가 달라진다.

내 경우 책만 읽기 시작한 지 2년이 지나서야 티핑 포인트가 나타났고, 그 지점이 지나자 지난 2년 동안 읽었던 양의 책을 단 2개월 만에

다 읽어버리게 되었다. 또 그 2개월 후에는 10년 읽을 책을 다 읽어버리는 수준까지 도약했다.

이런 도약을 경험해보지 못한 사람들은 고수들의 세계를 정말 이해하기 힘들 것이다. 일단 고수로 넘어가기 위한 티핑 포인트를 경험하게 되면, 그때부터는 진짜 즐기면서 할 수 있고, 즐기면서도 더 많이 보고 더 깊이 읽을 수 있다.

시간과 노력이 어느 정도 필요하다는 사실을 절대 잊지 말라. 그리고 많은 독자가 처음부터 한 줄을 통으로 읽는 것에 부담을 느끼는 것이 사실이다. 그렇다면 처음에는 한 줄보다 반 줄 정도로 작은 덩어리로 작게 나누어 통으로 읽는 훈련을 해도 된다. 중요한 것은 점차 통으로 읽는 범위를 확장해야 한다는 것이다.

절대 조급해하거나, 욕심내면 안 된다. 독서도, 훈련도 모두 즐기는 마음이 필요하다. 고수보다 더 뛰어난 자는 즐기는 자다.

공감각 리딩 훈련법

퀀텀 리딩 스킬의 가장 중요한 원리 두 가지는 공감각과 초공간이다. 먼저 공감각 리딩 훈련법은 다양한 읽기 방법으로 뇌의 서로 다른 복합적인 감각들을 깨워 통합적으로 작동하게 하여 독서력을 극대화시킨다. 공감각 훈련법은 잠자고 있던 다양한 독서 인자와 능력을 깨우는 데 큰 효과가 있다.

앞으로 배우게 될 어떤 이들에게는 기상천외할 수 있는 다양한 독서 스킬은 모두 평소 우리가 거의 사용하지 않는 감각들을 일깨우고 뇌를 자극시켜 활성화하는 데 그 의의가 있다.

왜 이런 훈련들이 효과가 있을까? 인간의 뇌는 다중감각적인 정보를 중심으로 설계되었기 때문이다.

그래서 하나보다는 여러 가지 감각을 동시에 사용해서 책을 읽거나 공부를 하면 훨씬 더 잘할 수 있다. 내가 공감각 리딩 훈련법을 만든 이유이기도 하다.

공감각 리딩 훈련법의 종류

- 우뇌 자극 스킬 훈련법
- 우뇌 자극 사이클 리딩 훈련법
- 45도 리딩 훈련법
- 90도 리딩 훈련법
- S.O.C. 리딩 훈련법

인간의 뇌는 다중감각적인 정보를 중심으로 설계되었다. 다중감각 정보는 정보의 지각을 강화하거나 지각의 속도를 빠르게 혹은 인식의 깊이를 깊게 할 수도 있다. 바로 이런 이유로 오감 공부법이 유행하기도 했다. 그리고 실제로 많은 학생이 공부를 할 때 오감 공부법을 알게 모르게 활용하고 있다. 공부할 때 항상 초콜릿을 먹는다거나, 클래식을 듣는다거나, 향기로운 냄새를 맡는 등으로 말이다.

독서혁명 프로젝트의 독서법인 퀀텀 리딩과 스킬은 모두 거창한 이론보다는, 실제로 3년간 1만 권이라는 방대한 양의 독서를 하면서 독서력이 도약한 나와 많은 독서혁명 프로젝트 수강생의 경험을 토대로 만들어지고 다듬어져 온 것이다. 그래서 이론적으로 모든 것을 설명한다는 것은 어떻게 보면 무의미할 수 있다. 우리에게 필요한 것은 이론의 증명이 아니라 효과적인 독서법을 사용해 깊고 넓은 독서의 길로 들어서는 것이기 때문이다.

우리가 읽는 책은 말도 안 되는 무엇인가의 나열이 아니라 이미 약속된, 그리고 이미 수천만 번 넘게 눈으로 읽고 보았던 의미 있고 익숙한 기호(글자)들의 나열이다. 따라서 누구나 훈련만 하면 퀀텀 점프가 가능하다.

아래 그림처럼 무의미하고 불규칙한 기호들의 나열은 한 번 봐서는 잘 이해할 수 없다. 아주 천천히 신경을 곤두세워 봐도 의미를 파악하는 데 많은 시간이 걸린다. 반면 책은 의미 있고 규칙적인 기호(글자)의 나열이기 때문에 훨씬 더 빨리 읽히면서도 충분히 이해가 되는 것이다.

이때 우리는 한 가지를 꼭 명심해야 한다. 반드시 다독을 해야 하는 이유를 말이다. 양적인 팽창이 있어야만 그것을 바탕으로 질적인 도약

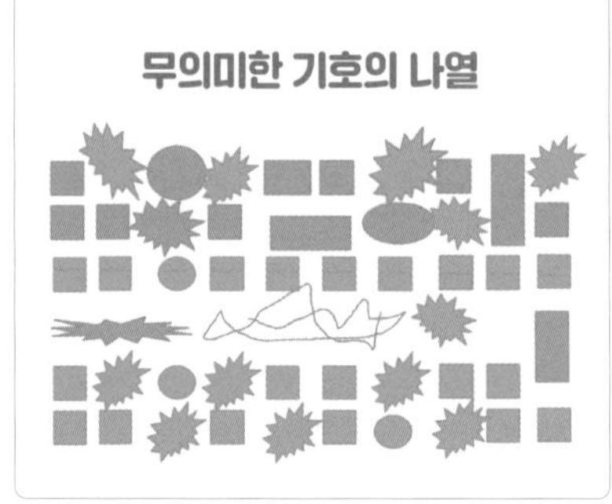

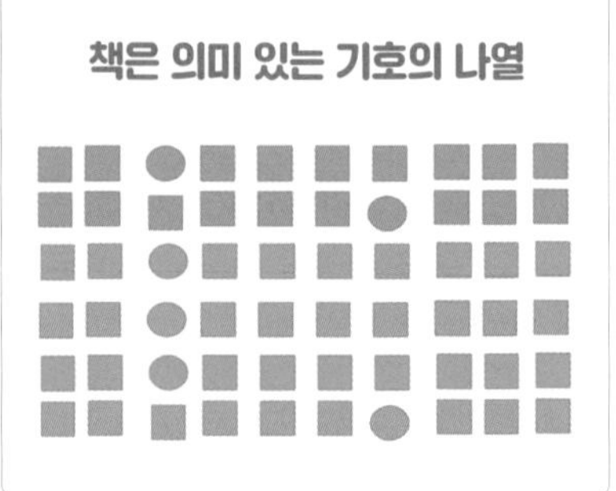

을 이룰 수 있기 때문이다.

그렇게 다독을 하기 위해서는 한 권의 책을 제대로 읽는 데 너무 많은 시간을 들여서는 안 된다. 깊이 있게 읽기 위해서는 또한 너무 빨리 읽어서도 안 된다. 퀀텀 리딩은 절대로 빨리 읽는 독서 기술이 아니다. 그것은 단지 부산물일 뿐이다. 퀀텀 리딩의 목표는 뇌의 왜곡이다. 뇌를 속이는 것이 아니라, 뇌를 왜곡해서 그 안에서 잠자고 있던 독서 인자들을 깨워 책을 잘 읽을 수 있게 만들어주는 것이다.

잊지 말자. 책은 말도 안 되는 기호나 도형의 조합이 아니라, 이미 약속된 글자들로 이루어진 아주 훌륭한 조합이다.

초공간 리딩 훈련법

독서 천재들은 모두 의식과 무의식을 통합하여 뇌의 능력을 극대화한 상태에서 독서를 했다. 그들은 오랜 독서 훈련을 통해 그런 경지에 올랐다. 그러나 지금의 현대인들은 그런 경지에 오르기 힘들다.

독서 천재들은 우뇌의 활성화를 통해 무의식으로 읽기, 이미지로 보기, 통합 보기, 전체 보기, 주변 시야 보기에 능통한 이들이다. 우리 역시 이런 잠자고 있는 독서 인자들을 깨워 훈련시켜야 한다. 그것이 바로 초공간 리딩 훈련법이다.

초공간 리딩 훈련법은 한마디로 뇌를 순간적으로 초공간 상태로 만들어 독서력을 급격하게 높이는 훈련 스킬이다.

쉽게 이야기하면, 자동차의 기어 상태를 1단에서 5단 기어로 바꾸어 달리는 것과 같다. 많은 사람이 1단 기어 상태에서는 최고 속도로 달릴 수 없다는 것을 알고, 4단이나 5단으로 변경을 한다. 독서도 마찬가지다. 평소 뇌의 상태로 책을 읽으면 속도나 이해력이 뒷받침될 수 없다.

그러나 초공간 상태로 만들어서 독서를 하면, 눈이 아니라 뇌가 책을 읽는 것 같은 느낌마저 들 정도로 독서 속도가 급격하게 달라진다. 이해는 그다음 문제다.

자신의 독서 속도가 분당 1만 자가 나오는 사람은 속도를 분당 5,000자로만 줄여도, 이해도는 급격하게 상승한다.

그렇기 때문에 남들보다 빨리 읽을 수 있다는 것은 매우 중요한 일이다. 독서의 생명은 이해가 아니라 사고력이다. 독서의 속도와 이해는 수단일 뿐이다. 그런데도 많은 사람이 이해가 중요하다고 생각한다. 그러나 나는 그렇게 생각하지 않는다. 독서의 속도와 이해는 수단일 뿐 목표는 사고력이다.

우리는 모두 평면적 사고 상태로 책을 읽는 것에 익숙해져 있다. 초

초공간 리딩 훈련법의 종류

- 리버스 리딩 훈련법
- 인버트 리딩 훈련법
- 대칭 리딩 훈련법
- 의식혁명 리딩 훈련법

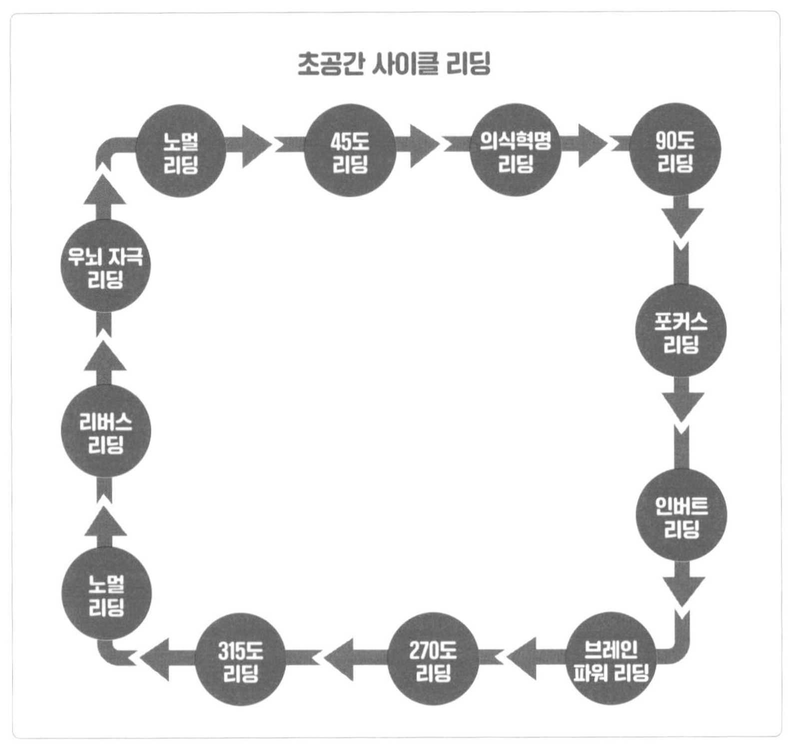

공간 리딩 훈련법은 우리로 하여금 입체적 사고 상태로 전환한 후 독서를 할 수 있도록 도움을 줄 것이다.

이 스킬들을 다 배운 후에 위 그림과 같은 사이클로 독서 훈련을 하면 마치 독서의 신이 된 것 같은 느낌마저 든다. 한마디로 재미있게 독서를 즐길 수 있다. 독서의 고수가 될수록 독서의 재미는 기하급수적으로 늘어난다.

내가 하루 종일, 휴가 기간마저 도서관에 가는 이유가 여기에 있다. 자, 이제 본격적으로 하나씩 스킬을 연습해보자.

우뇌 활용 & 무의식 활성화 훈련

본격적으로 실습에 들어가기 전에 마지막으로 한 가지만 당부하겠다. 여기서 소개하는 모든 독서 스킬과 독서법은 실제로 수많은 수강생의 독서력을 퀀텀 점프시킨 방법들이다. 그러므로 이론적인 추가 설명을 원하는 이들이 있다면 다른 학자들의 이론서를 찾아보기 바란다.

이 독서혁명 프로젝트는 한마디로 호박벌이다. 몸이 날개에 비해 너무 커서 이론적으로는 절대 날 수 없는 호박벌은 오늘도, 어제도, 내일도 저렇게 잘 날아다닌다.

가끔은 생각을 닫아걸고 심장 소리에만 귀를 기울일 필요가 있다. 가슴이 시키는 대로 저질러보는 것도 즐거운 인생이다.

재미있는 사실은 너무 똑똑하고 스마트한 사람치고 위대한 성과를 이뤄낸 사람은 인류 역사상 단 한 명도 없었다는 사실이다. 바보처럼 미련하게, 아무것도 계산하지 않고, 생각 대신 자신의 직관을 믿고, 깡으로 버티며, 세상과 정면 대결을 벌인 용자들만이 위대한 길을 개척했고 비범한 성과를 창출했다는 사실을 잊어서는 안 된다.

나는 똑똑하지 않았기 때문에, 그래서 소처럼 둔하게 한 길만을 개척했기 때문에 퀀텀 독서법을 만들 수 있었다. 10년 전 삼일절을 시작으로 멈추지 않고 독서혁명 프로젝트를 해왔기 때문에 5,000명 이상의 사람에게 새로운 독서의 혁명을 전파할 수 있었다.

앞에서도 언급했듯이 100퍼센트 완벽한 독서법은 존재하지 않는다. 그러나 퀀텀 독서법처럼 단 3주 만에 독서력이 3배에서 수십 배 이상 향상되도록 돕는 독서법은 찾아보기 힘들 것이다.

하루에 30분씩, 3주 동안만 이 책이 알려주는 스킬과 훈련법을 제대로 습득한다면, 독서력이 반드시 3배 이상 향상될 것이다. 그러나 좀처럼 안 되는 사람들도 있다. 아무리 천천히 정독을 해도 책의 내용을 하나도 모르겠다고 하소연하는 사람이 적지 않다. 그것은 현대인들이 너무나 바쁘게 정신없이 살고 있기 때문이고, 수면 시간이 턱없이 부족하여 늘 심신이 지친 상태로 살아가고 있기 때문이다.

명심하자. 당신의 지적 수준이 평균이고, 주의력이나 집중력이 정상이라면 충분히 가능하다.

절대 조급해하거나 욕심을 내면 안 된다. 세상에는 검증도 안 된 독서법으로 만든 독서법 책이 적지 않다. 그러나 이 책은 실제로 10년 동안 5,000명 이상의 독서 천재들을 배출한 검증된 독서법을 담고 있다. 독서법을 믿고 실천해보자. 분명 원하는 것을 얻을 수 있을 것이다.

하루 30분씩 훈련을 해서 3주 만에 독서력이 3배 향상된다면, 그것은 정말 어마어마한 일이다. 그런데도 욕심을 내고 조급해하면서 한두 번 해보고 안 되면 실망하는 사람들이 있다. 이 마음이 퀀텀 점프를 막는 장애물이 된다.

독서혁명 프로젝트 수강생 100명 중에 80~90퍼센트는 분명히 독서력이 3배 이상 향상되었다. 그러나 10~20퍼센트의 사람은 변화가 없었다. 이렇게 독서력이 향상되지 않은 사람들의 이유는 매우 다양하다.

3주 동안 연습과 훈련을 자주 빼먹은 사람도 있고, 어떤 사람은 기존의 오랜 독서 습관 탓에 새로운 독서 기술을 습득하지 못하기도 한다. 아주 드문 경우이기는 하지만 집중력 결핍 ADHD 환자도 있었다.

그럼에도 독서혁명 프로젝트의 독서혁명 스킬과 훈련법, 퀀텀 독서법을 세상에 알리고자 하는 이유는 분명하다. 독서혁명 스킬과 퀀텀 독서법으로 훈련과 연습을 하지 않았다면, 절대로 단 3주 만에 독서력이 향상되는 사람들은 없었을 것이기 때문이다.

독서혁명 프로젝트는 바로 이러한 나의 깡으로 완성한 것이다. 나는 스마트한 사람들은 도저히 할 수 없는 멍청한 짓을 통해 세계 최강이라 자부할 수 있는 독서법을 만들어냈다.

아무것도 없이 무모하게 이 프로젝트를 시작하지 않았다면, 이 책은커녕 지금의 독서법과 독서 스킬도 탄생할 수 없었을 것이다.

따지는 건 나중으로 미뤄두자. 오직 '깡'만으로 돌진해보자. 일생에 한 번쯤은 오직 자신의 심장 소리에만 귀를 기울인 채 악으로 깡으로 세상과 맞장 뜨는 호기를 부려보자. 지금 이 순간만큼은 온갖 잡념 다 버리고 멍청해지기로 결심해보자.

이제 성과를 맛보고 환호성을 지를 수 있을 것인지는 오직 당신의 노력과 집중력에 달려 있다. 건투를 빈다.

> Smart Listens to the Head. Stupid Listens to the Heart.
>
> **똑똑한 이들은 머리에 귀를 기울이지만, 멍청한 이들은 가슴에 귀를 기울인다.**
>
> • 청바지 브랜드 '디젤' 광고 문구 •

1단계: 우뇌 자극 스킬

1단계 스킬을 훈련하기 전에 먼저 자신의 평소 독서력을 측정해보자. 측정 방법은 이렇다. 읽기 시작하는 부분을 체크한 후 5분 동안 책을 읽는다. 그리고 자신이 5분 동안 읽은 전체 글자 수를 세어 5로 나누면 분당 글자 수가 나온다.

자신이 읽은 전체 글자 수를 체크하는 가장 쉬운 방법은 읽은 페이지 수를 파악한 후 그 페이지의 한 줄 평균 글자 수와 한 페이지 평균

줄 수를 모두 곱한 뒤 나누기 5를 하는 것이다.

분당 글자 수가 5,000자 이상이면 독서 고수라고 할 수 있다. 프로젝트를 통해 추산해본 평범한 사람들의 평균 독서 속도는 분당 500자에서 900자였다. 그러나 실망하지 마라. 이 책에서 소개하는 독서 스킬들을 꾸준히 연습하면 3주 안에 분당 3,000자 이상의 중급 독서 실력자가 될 수 있다.

글자 수/분당	등급
50~500	평균 이하 하위 등급
500~1,000	평균 초보자 등급
1,000~2,000	초급자 등급
2,000~3,000	초급자 상위 등급
3,000~4,000	중급자 등급
4,000~5,000	중급자 상위 등급
5,000~8,000	고급자 등급
8,000~9,000	고급자 상위 등급
9,000~10,000	독서 천재 등급
10,000 이상	독서 천재 상위 등급 (즉, 독서의 신 등급 / 최고등급)

우뇌 자극 스킬은 양쪽 눈 독서, 즉 좌뇌 중심형 독서에서 벗어나기 위한 간단한 훈련법이다. 훈련 방법은 매우 간단하다. 그러나 효과는 엄청나다.

우뇌 자극 스킬은 독서를 할 때 오른쪽 눈을 의도적으로 감고 왼쪽 눈으로만 독서를 5분 혹은 10분간 하는 것이다.

자, 오른쪽 눈으로만 한 페이지 전체를 보라. 5~10분 정도 봤다면, 이번에는 반대로 왼쪽 눈으로만 한 페이지 전체를 보라. 양쪽 눈의 느낌이 전혀 다를 것이다. 오른쪽 눈은 초점이 정확히 잘 맞고 좁은 부분만 보인다. 반대로 왼쪽 눈은 초점이 잘 맞지 않지만, 넓은 부분을 볼 수 있다. 바로 이 차이를 독서에 이용하는 것이다.

우뇌가 통제하는 왼쪽 눈은 전체를 보는 것이 편하고 초점을 맞추어 보는 것이 불가능하거나 힘들다. 반대로 좌뇌가 통제하는 오른쪽 눈은 전체를 보는 것이 힘들고 초점을 맞추어 작은 부분을 정확히 보는 것이 편하다. 처음에는 이상할 수 있지만, 잠자고 있는 우뇌의 독서 인자를 깨우는 가장 쉽고 간편한 스킬이다. 이 스킬을 많이 연습하면 우뇌가 후끈거리는 감각이 느껴지는 것을 경험할 수 있다.

이 훈련이 무리가 안 된다면 점점 시간을 늘려 읽기 훈련을 하면 좋다. 독서혁명 프로젝트를 거쳐간 수많은 수강생이 이런 이야기를 전했다.

"독서 고수가 되기 위해서는 무엇보다 우선 우뇌를 단련해야 한다. 우뇌를 단련했다면 그다음으로는 의식을 발전시켜야 한다. 우뇌를 단련하기 위한 가장 좋은 방법은 왼손, 왼발, 왼쪽 눈을 자주 사용하는 것이다."

나는 삼성에 입사할 때부터 왼손으로 마우스를 사용하기 시작해, 오른손잡이인데도 20년이 넘도록 왼손으로 마우스를 사용하고 있다. 왼손으로 마우스를 사용하면서 우뇌가 많이 발달하게 되었다는 것을 피부로 느꼈다.

우뇌는 주변 시야를 통제하는 힘을 가지고 있다. 그래서 우뇌가 발달할수록 주변 시야를 잘 볼 수 있고, 결국에는 원 페이지 리딩도 가능하게 되는 것이다.

이 책의 모든 독서 스킬과 퀀텀 리딩은 눈 훈련보다 뇌 훈련, 의식 훈련에 초점이 맞추어져 있다. 이는 최근 급격히 발전한 뇌과학의 연구 결과 덕분이다. 내가 1만 권의 책을 읽을 때 뇌과학 분야 책들을 유독 좋아해서 그 연구 결과를 십분 활용할 수 있었다.

책은 눈으로만 읽는 것이 아니라 뇌로 읽는 것이다. 뇌로 책의 내용을 고스란히 이동시켜야 한다. 우리는 눈이 아닌 뇌로 세상을 보고 있다는 것을 명심하자. 책도 그렇게 봐야 한다.

뇌로 독서를 하면 눈으로 읽을 때보다 훨씬 더 쉽고 빠르게, 깊고 넓게 읽을 수 있다. 지금부터 차원이 다른 독서법의 세계로 들어가보자.

인류는 15세기 전후 독서하는 방법에 혁명을 일으켰다. 그 전에는 모두 음독밖에 할 수 없었지만 15세기를 전후하여 차츰 묵독할 수 있는 사람들이 나오고, 16세기부터는 대부분 사람들이 묵독을 하게 되었다. 음독과 묵독의 차이는 무엇일까? 바로 전뇌 독서와 부분 뇌 독서이다. 음독은 시신경에 들어온 텍스트들이 후두엽을 통과해 측두엽을 통해 소리를 내고, 다시 전두엽으로 갔다가 전전두엽에서 종합적으로 이해한 후 사고력을 향상시켰다. 한 마디로 전뇌 독서법이다.

그런데 묵독을 하면서부터 후두엽에 들어온 글자 정보들이 측두엽을 통과하지 않고 바로 전두엽으로 가게 되면서, 속도는 30퍼센트 정

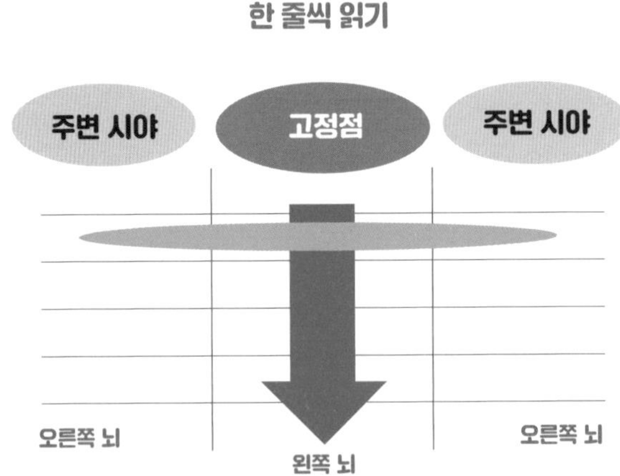

▲ 한 줄씩 읽기: 페이지 가운데에 시선을 고정하고 읽어 내려간다. 처음에 주변부가 흐릿하게 보일 수 있으나 훈련을 할수록 한 줄이 통으로 보이게 될 것이다.

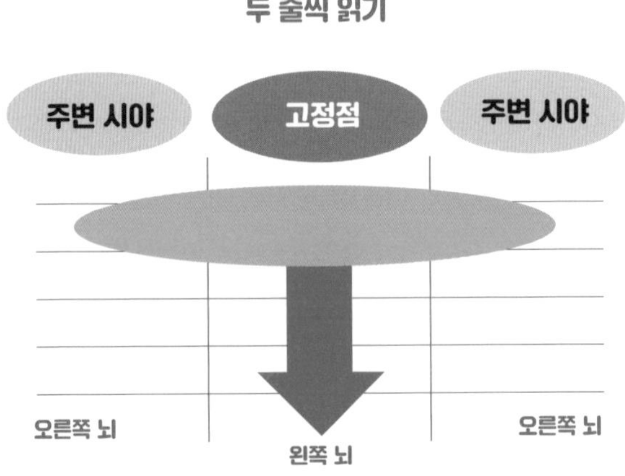

▲ 두 줄씩 읽기: 한 줄이 통으로 보이기 시작하면 이번에는 두 줄을 한꺼번에 보며 아래로 읽어 내려간다. 마찬가지로 시선은 페이지 가운데 고정한다. 두 줄 읽기가 된다면 세 줄을 한꺼번에 보며 읽어 내려간다.

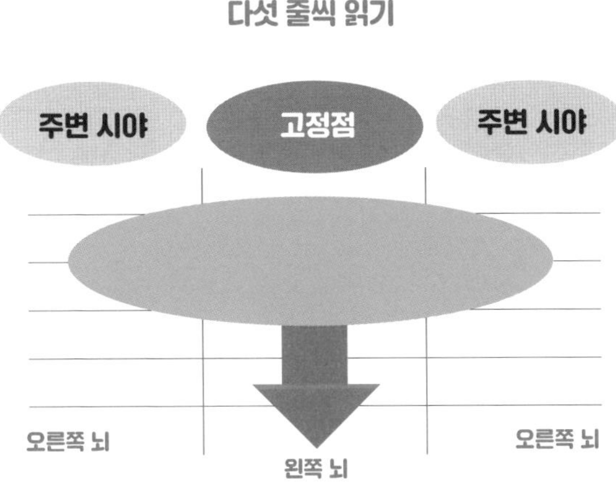

▲ 다섯 줄씩 읽기: 세 줄 읽기가 가능해지면 이번에는 다섯 줄을 한꺼번에 읽어 내려간다. 이렇게 점차적으로 늘려나간다.

대각선 한 줄씩 읽기

고정점

주변 시야

주변 시야

오른쪽 뇌

왼쪽 뇌

오른쪽 뇌

▲ 대각선 한 줄씩 읽기: 이번에도 역시 고정점은 페이지의 가운데에 두고 방향만 대각선으로 이동하며 한 줄씩 읽어 내려간다.

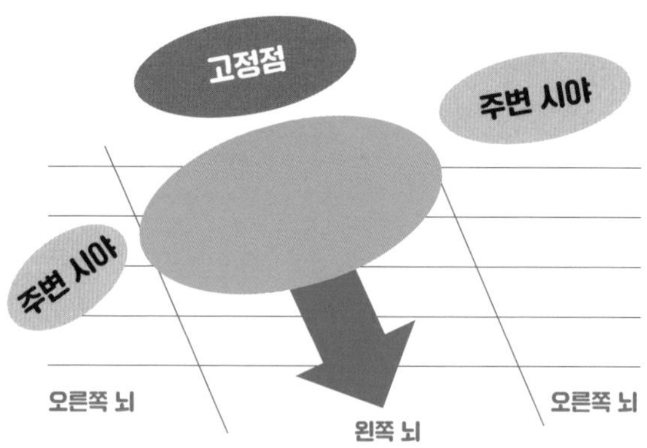

▲ 대각선 세 줄씩 읽기: 한 줄씩 읽기가 익숙해지면 세 줄씩 읽어 내려간다.

원 페이지 읽기

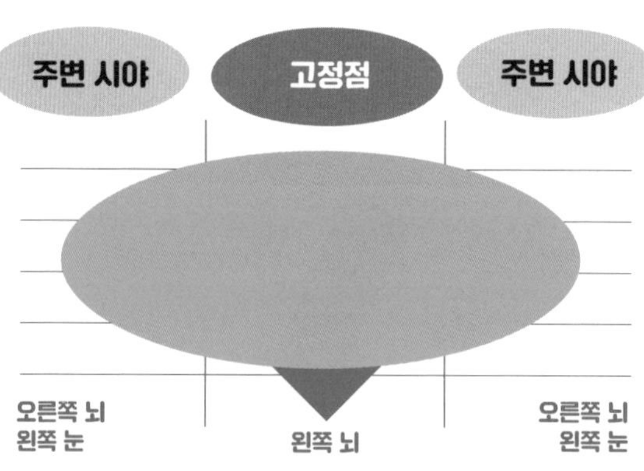

▲ 원 페이지 읽기: 시선을 페이지의 가운데에 고정하는 연습을 계속해나가며 한 페이지 전체를 한 번에 볼 수 있도록 연습한다.

도 빨라졌지만, 이해력·몰입도·사고력 등은 오히려 30퍼센트 떨어졌다. 바로 부분 뇌 독서 시대가 열린 것이다.

이러한 묵독의 한계를 나는 손으로 쓰며 읽는 초서 독서를 통해 보강해왔고, 급기야 퀀텀 리딩으로 뇌의 시공간을 약간 비틀어서 전뇌 독서를 할 수 있게 되었다.

2단계: 시공간 자극 스킬

일본에 독서 천재가 많은 이유 중 하나를 나는 일본 책들의 세로쓰기에서 찾는다. 언뜻 보면 세로 읽기가 가로 읽기보다 불편할 것 같지만, 사람에 따라서는 독서 속도와 이해력에 있어 세로 읽기가 훨씬 더 빠르고 높을 수 있다.

그렇다면 한국 책도 모두 세로쓰기로 다시 돌아가야 할까? 아니다. 그것은 불가능하다. 그렇다면 방법이 없을까? 내가 찾아낸 방법은 책을 45도 정도 기울인 채 독서를 하는 것이다.

시공간 자극 스킬은 간단하다. 책을 45도만 기울여도 세상이 기울어진 것 같은 느낌을 준다. 그리고 독서할 때 뇌의 활성화 상태가 매우 달라진다는 것을 알 수 있다. 45도로 책을 기울여 10분 정도 읽어보라. 그리고 익숙해지면 책을 아예 90도로 기울여서 읽어보라. 이렇게 책을 읽는 환경을 의도적으로 바꾸어서 뇌의 잠자고 있는 다양한 독서 인자를 깨워야 한다. 물론 그 효과는 상당하다.

왜 일벌과 여왕벌의 수명이 5배 이상 차이가 나는지 아는가? 여왕벌도 태어날 때는 수많은 일벌 중에 하나였다. 그런데 그 많은 일벌 중 하나를 선택해 매일같이 장수 인자인 로열젤리를 먹이면 몸 크기가 엄청나게 커질 뿐만 아니라 수명도 다른 일벌의 5배 이상으로 늘어난다. 몸속에 잠자고 있는 장수 인자를 로열젤리가 깨웠기 때문이다.

독서 천재들은 하나같이 자신 안에 잠들어 있는 능력 중 독서 인자를 깨우기 위해 부단히 노력하고 훈련했던 이들이다. 세상은 정확하다. 많이, 제대로, 효과적으로 노력한 이들이 먼저 1등의 자리에 서게 된다.

무조건 노력하고, 무조건 열심히 한다고 되는 것은 아니다. 제대로 된 노력을 통해 누가 먼저 더 효과적인 방법을 발견해내느냐가 중요하다. 이는 독서에서도 마찬가지다.

공간과 이미지를 담당하는 우뇌를 좌뇌보다 더 활성화한 상태에서 독서를 하게 하는 것이 전뇌 중심형 독서의 중요 스킬이다.

평소 읽던 책의 공간이 약간 기울어져서 달라지면 우뇌가 가장 먼저 반응하고 흥분하게 된다. 그때 우뇌도 활성화되고, 좌뇌 중심형 독서에서 벗어나 전뇌 독서의 틀을 만들 수 있게 된다.

인간의 뇌는 다중감각적인 정보를 취합하기 위해 설계되었기 때문에 여러 감각을 동시에 사용하게 만드는 이런 방법이 매우 효과가 있다.

책을 45도, 혹은 90도 돌린 상태에서 독서를 하게 되면 뇌의 고정된 사고 패턴에 변화와 자극을 주어 뇌가 새롭게 활성화되고, 새로운 시냅스를 형성할 수 있는 기초 근육을 길러준다.

그렇다. 뇌가 바뀌는 것이다!

3단계: 의식혁명 리딩 스킬

3단계 스킬은 의식혁명 리딩 스킬이다. 의식을 바꾸어 독서력을 증가시키는 훈련법이다. 모든 것은 의식에 달려 있다.

삼성 신입사원 교육의 꽃이 무엇인지 아는가? 바로 라마드LAMAD다. 신입사원들에게 삼성 제품을 손에 쥐어주고 하루 종일 길거리에 나가 직접 행인에게 판매하게 함으로써 자사 제품에 대한 애착과 물건을 판다는 일에 대한 책임감과 자부심을 동시에 느끼게 해주는 고강도 연수 훈련이다.

나는 라마드 지도를 여러 번 해본 적이 있는데, 그때마다 느낀 점이 하나 있다. 신입사원들이 '성취인의 구호'를 하지 않고 나갈 때보다 구호를 정확하게 외친 후 나갈 때가 판매 실적이 서너 배 이상 높았다는 것이다.

성취인의 구호란 대강 이런 것이다.

"나는 할 수 있다."
"나는 해야만 한다."
"나는 해내고야 만다."
"나는 성취인이다."

이 사례를 통해 깨달은 교훈이 있다. 우리가 생각하는 것보다 의식과 생각의 힘은 강하다는 것이다. 의식혁명 리딩 스킬은 바로 이런 원

성취인의 구호 훈련 단계

- 1단계: 양손을 머리 위에 올린다.
- 2단계: "나는 세계 최고의 ○○다"라고 외친다.
- 3단계: 나는 세계 최고의 ○○라는 사실을 상상하고, 의식하고, 실제로 그렇게 확신한다.
- 4단계: 세계 최고라는 마음가짐으로 실제 ○○를 한다.

리에서 만들어졌다.

놀랍게 변해 있는 자기 자신을 상상하라. 그렇다고 상상으로만 그쳐서는 안 된다. 자기 자신이 진짜 독서 천재가 될 수 있다는 것을 의식하고 믿어야 한다. 즉 상상도 할 수 없을 만큼 빨리 책을 읽고 있는 자기 자신을 의식하고 믿어야 한다.

여기서 핵심은 책이 아니라 자기 자신이다. 책을 엄청나게 빨리, 상상할 수 없을 정도로 빨리 읽는 자기 자신을 상상하고 의식해야 한다. 뇌를 완벽하게 속이기 위해서는 상상만 해서는 안 된다. 의식하고 느끼고 확신해야 한다.

의식 강화 훈련 후 책을 읽는 것과 그냥 읽는 것은 하늘과 땅만큼 효과의 차이를 보인다. 여기서 중요한 것은 책을 빨리 읽는 것이 아니라 글자 전체를 뇌로 이동시키는 것이다. 이것이 바로 의식혁명 리딩 스킬의 핵심이다.

만약 의식하는 게 힘들다면 눈을 감고 심호흡을 한 후 모든 의식을

▲ 글자를 한 자씩 읽지 않고 문단 단위나 대각선으로 한꺼번에 통으로 읽어 내려간다.

뇌의 한 곳에 모으는 훈련을 꾸준히 해야 한다. 이 스킬의 핵심은 '상상도 할 수 없을 만큼 빨리 책을 읽고 있는 자신'을 상상하고 의식하고 느끼는 것이다. 다시 말한다. 실제처럼, 진짜처럼 의식해야 한다.

독서의 신들은 항상 의식을 집중하는 데 신경쓰면서 독서를 했다. 의식혁명 리딩 스킬의 원리는 의식을 최대한 집중하여 뇌의 기능을 극대화시키는 것이다. 그리고 그 상태를 최대한 오래 유지한 채 책의 텍스트를 순식간에 뇌로 이동시켜야 한다.

중요한 것은 뇌가 청소기의 몸통이고 눈은 청소기의 흡입구가 된 것처럼 책의 한 문단 전체가 먼지처럼 순식간에 뇌로 빨려 들어오는

의식혁명 리딩 스킬 단계

1. 자세를 바로 앉는다

엉덩이에서 머리까지 일직선으로 허리를 펴고 앉는다.
두 손은 무릎 위에 올려 놓고 눈을 감는다.

2. 시선을 45도 밑으로 두고 집중한다

코로 숨을 마시며 아랫배로 숨을 채워라.
입으로 내시면서 아랫배의 숨을 빼내라.

3. 상상하라

차분하고 집중된 상태에서 책을 단숨에 읽어버리는 상상을 한다.
놀랍도록 빠른 속도로 책을 읽는 모습을 이미지화한다.

4. 적용하라

정말 빨리 책을 읽는 자신을 시각화하고, 실제로 적용해서 정말 빨리 읽어본다.
이때 처음에는 이해보다 속도에, 그다음 이해에 중점을 둔다.

것이다.

자신이 정말 독서 천재이고, 그래서 책을 엄청 빨리 읽는 모습을 뇌로 하여금 상상하게 하고 시각화시키면 어떻게 될까? 뇌는 정말로 속아 넘어간다. 이것이 현대 뇌과학의 주장이다. 뇌를 속여서 자신이 독서 천재인 것처럼 독서를 하다 보면 실제로 독서 천재가 된다는 원리다. 이것은 현대 심리학의 아버지 윌리엄 제임스가 발견한 '행복해서 웃는 것이 아니라 웃으면 행복해진다'라는 심리학 원리와도 통한다. 윌리엄 제임스는 몸이 마음의 지배를 받듯이 마음도 몸의 지배를 받는데, 이는 서로 같은 이치라고 말했다.

의식혁명은 바로 이런 의식과 관련된 독서 스킬이다. 상상 독서법, 이미지 독서법, 시각화 독서법을 하나의 스킬로 규정하고 좀 더 체계화하여 의식혁명 리딩 스킬이라고 명명했다.

놀랍게도 이 스킬을 통해 독서력이 수십 배 점프하는 수강생이 상당수 나왔다. 비단 독서력뿐만 아니다. 우리의 모든 행동과 성과가 우리의 생각에 따라서 달라진다는 사실은 자기계발을 하는 이들에게 아주 중요한 지혜다.

현대 경영학의 창시자 피터 드러커는 이미 이런 사실에 대해 너무나도 잘 알고 있었다. 같은 대학 출신의 능력이 비슷했던 두 신입사원이 5년 후 한 사람은 거인으로 성장하지만 다른 한 사람은 평범한 직장인에 머물러 있다면, 그 차이가 바로 '생각'의 차이에서 비롯된 것이라고 그는 말한다.

자기 자신이 엄청나세 성장할 것이라고 생각하며 일을 하는 사람은 머지않아 정말 엄청나게 성장한다. 이런 사례는 공부에도 똑같이 적용된다. 공부는 평생 하는 것이라 생각하고 공부하는 집단과 대학 4년만 공부할 것이라 생각하고 공부하는 집단의 격차는 비교할 수 없을 정도로 크다. 또 다른 흥미로운 실험은 노인들의 느릿느릿하게 걷는 모습을 상상한 후에 교실에서 엘리베이터까지 갔다 오게 했는데, 정말로 평소보다 훨씬 오랜 시간이 걸렸다고 한다. 이런 실험과 사례는 차고 넘친다.

모든 것은 의식에 달렸다. 로켓이나 F1 자동차가 굉장히 빨리 움직이는 모습을 30초간 상상한 후 독서나 달리기를 해보라. 훨씬 더 빨라지는 것을 느낄 수 있다. 이렇듯 우리의 행동은 생각과 의식의 상태에 직접적으로 영향을 받는다.

피카소는 눈이 아닌 마음으로 본 것을 그렸다. 독서 천재들은 눈으로만 독서를 하는 것이 아니다. 마음으로 하고, 의식으로 하고, 심지어 무의식으로 한다. 그 놀라운 독서의 세계를 지금 당신은 경험하고 있다.

온 마음으로 책을 읽고, 온몸으로 책을 느껴야 한다. 아인슈타인 이후 최고의 물리학자로 널리 알려진 리처드 파인만은 수학 문제를 풀지 않고 느끼며 분야 최고의 경지에 이르렀다. 우리 역시 책을 읽는 것에서 더 나아가 책을 느껴야 한다. 책과 하나가 되어야 한다.

한 줄 읽기 & 주변 시야 읽기 기초 훈련

"어떻게 하면 평범한 독서 수준을 가진 사람을 단번에 독서 천재로 도약시킬 수 있을까?" 이 질문에 대한 대답은 퀀텀 독서 훈련법에 있다. 그리고 그것은 잠재능력을 극대화하여 잠자고 있던 뇌의 능력을 향상시키는 원리에 숨어 있다.

그 원리는 야구 천재 이승엽 선수의 타격 연습법에서 발견해낼 수 있다.

이승엽 선수는 프로야구에 입단해 투수에서 타자로 전향했다. 그때 이승엽 선수가 했던 연습 방법이 바로 뇌의 능력을 향상시키고 잠재력을 극대화하는 것이었다.

훌륭한 타자가 되기 위해서는 눈이 좋아야 한다. 그리고 공을 치는 타이밍과 감각도 좋아야 한다. 어떤 구질의 공이 날아와도 정확하게 판단하여 그 공의 속도와 구질에 맞는 정확하고 빠른 스윙을 해야 한다. 이를 위해 이승엽 선수는 남들과 다른 방법으로 연습하기 시작했고, 그 결과 야구 천재로 도약할 수 있었다.

이승엽 선수는 투수와 포수 사이의 정식 거리에 피칭머신을 가져다 놓고 타격 연습을 하던 일반적인 연습 방법 대신, 투수와 포수의 정식 거리의 절반 거리에 피칭머신을 두고 타격 연습을 했다.

이승엽 선수의 뇌는 그야말로 정신이 번쩍 들었을 것이다. 한눈 팔 틈은 사치다. 당연히 처음에는 하나도 제대로 맞추지 못했다. 그런데 그렇게 비정상적인 연습을 한 지 얼마 되지 않아 뇌는 그 상황에 적응하기 시작했다.

처음에는 공의 속도에 따라가지 못해 타격 자세가 엉망이 되고 제대로 된 스윙도 할 수 없었지만, 계속되는 훈련에 적응한 뇌는 이내 놀랄만한 결과를 만들어냈다. 국민타자, 홈런왕 이승엽을 말이다.

4단계: 선 활용 리딩 스킬

4단계 훈련 스킬은 선 활용line utilizing 리딩 스킬이다. 가장 기본적인 독서 훈련이면서 동시에 독서 초보자들에게는 상당히 효과적인 독서 스킬이다.

이 훈련은 한 글자씩 보는 습관에서 벗어나 한 묶음으로 책을 읽을 수 있도록 도움을 준다. 방법은 페이지마다 가운데에 아래 그림처럼 임의의 선을 그은 뒤 왼쪽과 오른쪽을 하나의 묶음으로 생각하고, 그 묶음 단위로 책을 읽는 것이다. 한 묶음을 통으로 한 눈에 담을 수 있도록 노력하라.

어느 정도 독서 능력이 있는 사람들은 하지 않아도 무방한, 쉬어가기용 독서 스킬이라고 할 수 있다.

눈으로만 빨리 읽는 사람과 생각하면서 독서를 하는 사람은 매우 다른 인생을 살게 된다. 전자는 독서를 통해 효과를 얻을 수 없지만, 후자는 인생이 송두리째 달라지는 시점이 맞이하게 될 것이다.

* * *

유대인들은 지적 능력이 그리 우수한 편이 아니니다. 그러나 그들은 생각하면서 독서를 할 줄 아는 민족이다. 그리고 그 결과는 상상을 초월한다. 적은 인구에 비해 유대인의 업적과 성과는 놀랍기만 하다. 세계 억만장자 200인 중에 30퍼센트, 노벨상 수상자들 중에 30퍼센트가 유대인이며, 인류의 문화와 문명 중에 50퍼센트 이상이 유대인들의 머리에서 나온 아이디어들이다. 스티븐 스필버그, 하워드 슐츠, 로스차일드, 조지 소로스, 루퍼트 머독, 피터 드러커, 헨리 키신저, 워너 브라더스, 마크 저커버그 등 세계적으로 영향력 있는 사람들 중 상당수가 유대인들이다.

▲ 책의 가운데 선을 긋고 선을 기준으로 왼쪽, 오른쪽을 차례로 통으로 본다.

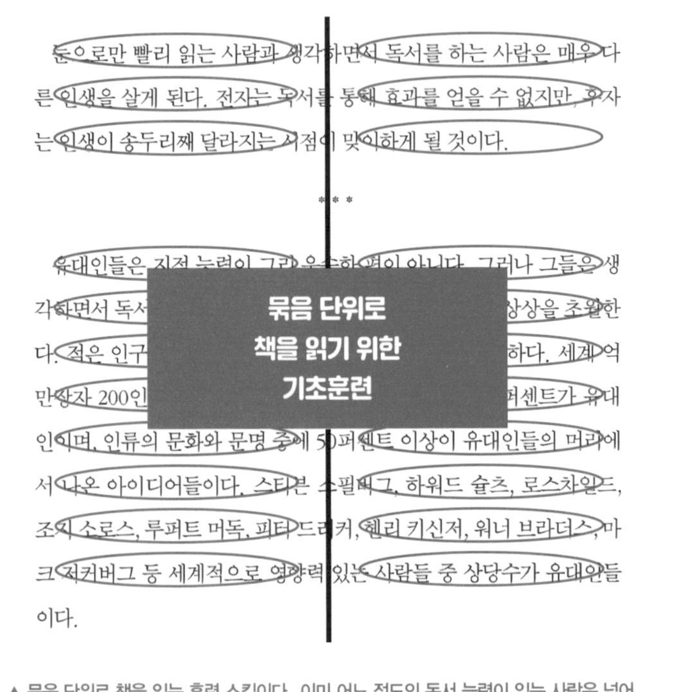

▲ 묶음 단위로 책을 읽는 훈련 스킬이다. 이미 어느 정도의 독서 능력이 있는 사람은 넘어가도 무방하다.

5단계: 리딩 툴스 스킬

5단계 또한 누구나 따라할 수 있는 스킬로 리딩 툴스reading tools를 이용하는 방법이다. 리딩 툴스 스킬은 간단한 도구를 사용해서 안구 회귀 습관이나 한 글자씩 보려고 하는 습관을 개선시켜주는 스킬이다.

다음 그림처럼 이미 읽은 부분은 종이나 다른 물건으로 가리며 빠르게 내려가면서 읽으면 된다. 이 스킬은 매우 효과적인 데 반해 사용하는 사람들은 많지 않다. 일단 이러한 리딩 툴스를 사용해서 읽다 보면, 숙달이 되어 더는 도구가 없어도 빠른 속도로 독서를 할 수 있다. 물론 퀀텀 리딩의 핵심 스킬은 아니다. 이 또한 쉬어가는 독서 스킬이라고 생각하면 된다.

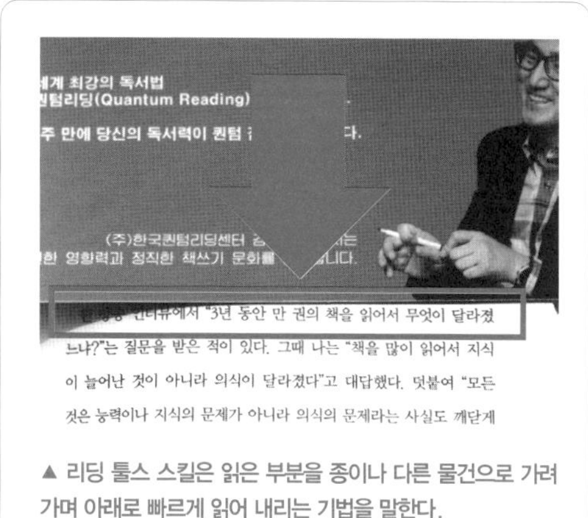

▲ 리딩 툴스 스킬은 읽은 부분을 종이나 다른 물건으로 가려가며 아래로 빠르게 읽어 내리는 기법을 말한다.

이런 독서 스킬까지 제공하는 이유는 독서혁명 프로젝트에는 60대는 물론이고 중고등학생들도 부모님과 함께 많이 참여하기 때문이다. 독서 초보자인 사람들이 따라하기 쉬운 기초적인 독서 스킬이 필요했다.

자신 있는 독서가들은 이 스킬을 가볍게 건너뛰면 된다. 그러나 뛰어난 독서 천재들도 한번씩 이런 스킬로 훈련해보면 도움이 된다는 사실을 금방 알게 된다. 그러므로 사소한 스킬이라고 가볍게 생각해서는 안 된다.

이 스킬을 훈련할 때 주의할 점은 이해가 안 된다고 해서 되돌아가면 효과가 없다는 것이다. 또한 속도를 늦추거나 평소처럼 해서도 안 된다. 속도는 계속해서 높일수록 효과가 더 좋아진다.

이 훈련의 가장 좋은 점은 누구나 쉽게 자신의 속도를 조절하고 향상시키면서 한 줄 읽기 혹은 주변 시야 읽기를 훈련할 수 있다는 것이다.

리딩 툴스 스킬은 독자가 학습이나 실무에 필요한 글을 읽을 때 바로 적용 가능하다. 훈련할 시간이 부족할 때 사용할 수 있는 훌륭한 스킬이다.

6단계: 포커스 리딩 스킬

6단계 스킬은 포커스 리딩focus reading 스킬이다. 책의 중앙에 눈을 고정한 뒤, 주변 시야로만 글자를 보고 읽는 훈련법이다.

처음 시작하는 이들은 한 줄을 통으로 읽는 것이 힘들 수 있다. 그때는 뛰는 독서나 나는 독서처럼 작게 덩어리를 만들어 시작해도 상관없다.

포커스 리딩 훈련법

- 책의 정중앙만 뚫어지게 보고 집중하는 훈련
- 절대 눈동자를 돌리거나 움직이면 안 된다. 10초 정도 책의 정중앙을 뚫어지게 보고 이해가 안 되어도 다음 페이지로 넘어가며 책의 중앙만을 보고 읽는 훈련
- 효과: 집중력 강화

생각과 의식은 그대로인 채 그저 책만 많이 읽는 것은 우리가 가장 경계해야 하는 독서다. 책을 통해 지식과 정보, 이론만 많이 알게 된 사람은 미안하지만 책의 노예일 뿐이다. 이렇게 이론만 풍부해진 사람 중에 대표적인 인물이 병법 이론에 해박했던 조나라의 조괄이다.

사마천의 《사기》〈염 … 나라와 진나라의 싸움 이야기가 나온다. 이 … 한 이야기가 숨어 있다는 사실을 아는 사람 …

진나라가 조나라를 침 … 는 방어를 잘했기 때문에 진나라는 침략을 할 수 없었 … 조나라의 장군은 조사였다. 조사는 자신의 아들인 조괄에 대해서 아주 믿기 어려운 예측을 했다. 자신의 아들인 조괄이 장군이 되면, 조나라는 반드시 망할 것이라는 것이다. 이와 같은 예측을 하는 사람이 또 한 명 있었다. 바로 '인상여'였다. 그 역시 조괄이 대장이 되는 것을 한사코 반대한 사람이다. 그런데 흥미롭

▲ 눈동자를 돌리거나 움직이지 않고 책의 중앙을 10초 정도 뚫어지게 본다.

생각과 의식은 그대로인 채 그저 책만 많이 읽는 것은 우리가 가장 경계해야 하는 독서다. 책을 통해 지식과 정보, 이론만 많이 알게 된 사람은 미안하지만 책의 노예일 뿐이 … 이론만 풍부해진 사람 중에 대표적인 인물이 병법 … 이다.

사마천의 … 나라의 싸움 이야기가 … 기가 숨어 있다는 사실 …

진나라가 … 잘했기 때문에 진나라는 … 은 조사였다. 조사는 자신의 아들인 … 운 예측을 했다. 자신의 아들인 조괄이 장군이 되면, … 반드시 망할 것이라는 것이다. 이와 같은 예측을 하는 사람이 또 한 명 있었다. 바로 '인상여'였다. 그 역시 조괄이 대장이 되는 것을 한사코 반대한 사람이다. 그런데 흥미롭

▲ 범위를 넓혀가며 훈련한다.

사마천의《사기》〈염파인상여열전〉을 보면 조나라와 진나라의 싸움 이야기가 나온다. 이 이야기 속에 독서의 본질에 대한 이야기가 숨어 있다는 사실을 아는 사람은 많지 않다.

진나라가 조나라를 침략했다. 그러나 조나라는 방어를 잘했기 때문에 진나라는 침략을 할 수 없었다. 이때 조나라의 장군은 조사였다. 조사는 자신의 아들인 조괄에 대해서 아주 믿기 어려운 예측을 했다. 자신의 아들인 조괄이 장군이 되면, 조나라는 반드시 망할 것이라는 것이다. 이와 같은 예측을 하는 사람이 또 한 명 있었다. 바로 '인상여'였다. 그 역시 조괄이 대장이 되는 것을 한사코 반대한 사람이다. 그런데 흥미롭게도 이 두 사람이 조괄의 대장 승진을 한사코 반대한 이유가 같았다. 그것은 조괄의 독서 태도에 관한 것이었다. 온갖 병법 이론에 해박했던 조괄의 독서는 한마디로 '도능독'이었다. 책 읽기에 능해서 책 속의 지식과 정보는 많이 알고 있었지만, 그것을 상황과 때에 맞추어 적용할 줄 아는 능력, 즉 의식과 사고력은 부족하다는 것이다.

▲ 걷는 독서

사마천의《사기》〈염파인상여열전〉을 보면 조나라와 진나라의 싸움 이야기가 나온다. 이 이야기 속에 독서의 본질에 대한 이야기가 숨어 있다는 사실을 아는 사람은 많지 않다.

진나라가 조나라를 침략했다. 그러나 조나라는 방어를 잘했기 때문에 진나라는 침략을 할 수 없었다. 이때 조나라의 장군은 조사였다. 조사는 자신의 아들인 조괄에 대해서 아주 믿기 어려운 예측을 했다. 자신의 아들인 조괄이 장군이 되면, 조나라는 반드시 망할 것이라는 것이다. 이와 같은 예측을 하는 사람이 또 한 명 있었다. 바로 '인상여'였다. 그 역시 조괄이 대장이 되는 것을 한사코 반대한 사람이다. 그런데 흥미롭게도 이 두 사람이 조괄의 대장 승진을 한사코 반대한 이유가 같았다. 그것은 조괄의 독서 태도에 관한 것이었다. 온갖 병법 이론에 해박했던 조괄의 독서는 한마디로 '도능독'이었다. 책 읽기에 능해서 책 속의 지식과 정보는 많이 알고 있었지만, 그것을 상황과 때에 맞추어 적용할 줄 아는 능력, 즉 의식과 사고력은 부족하다는 것이다.

▲ 뛰는 독서

사마천의 《사기》 〈염파인상여열전〉을 보면 조나라와 진나라의 싸움 이야기가 나온다. 이 이야기 속에 독서의 본질에 대한 이야기가 숨어 있다는 사실을 아는 사람은 많지 않다.

진나라가 조나라를 침략했다. 그러나 조나라는 방어를 잘했기 때문에 진나라는 침략을 할 수 없었다. 이때 조나라의 장군은 조사였다. 조사는 자신의 아들인 조괄에 대해서 아주 믿기 어려운 예측을 했다. 자신의 아들인 조괄이 장군이 되면, 조나라는 반드시 망할 것이라는 것이다. 이와 같은 예측을 하는 사람이 또 한 명 있었다. 바로 '인상여'였다. 그 역시 조괄이 대장이 되는 것을 한사코 반대한 사람이다. 그런데 흥미롭게도 이 두 사람이 조괄의 대장 승진을 한사코 반대한 이유가 같았다. 그것은 조괄의 독서 태도에 관한 것이었다. 온갖 병법 이론에 해박했던 조괄의 독서는 한마디로 '도능독'이었다. 책 읽기에 능해서 책 속의 지식과 정보는 많이 알고 있었지만, 그것을 상황과 때에 맞추어 적용할 줄 아는 능력, 즉 의식과 사고력은 부족하다는 것이다.

▲ 나는 독서

사마천의 《사기》 〈염파인상여열전〉을 보면 조나라와 진나라의 싸움 이야기가 나온다. 이 이야기 속에 독서의 본질에 대한 이야기가 숨어 있다는 사실을 아는 사람은 많지 않다.

진나라가 조나라를 침략했다. 그러나 조나라는 방어를 잘했기 때문에 진나라는 침략을 할 수 없었다. 이때 조나라의 장군은 조사였다. 조사는 자신의 아들인 조괄에 대해서 아주 믿기 어려운 예측을 했다. 자신의 아들인 조괄이 장군이 되면, 조나라는 반드시 망할 것이라는 것이다. 이와 같은 예측을 하는 사람이 또 한 명 있었다. 바로 '인상여'였다. 그 역시 조괄이 대장이 되는 것을 한사코 반대한 사람이다. 그런데 흥미롭게도 이 두 사람이 조괄의 대장 승진을 한사코 반대한 이유가 같았다. 그것은 조괄의 독서 태도에 관한 것이었다. 온갖 병법 이론에 해박했던 조괄의 독서는 한마디로 '도능독'이었다. 책 읽기에 능해서 책 속의 지식과 정보는 많이 알고 있었지만, 그것을 상황과 때에 맞추어 적용할 줄 아는 능력, 즉 의식과 사고력은 부족하다는 것이다.

▲ 퀀텀 리딩 1

사마천의《사기》〈염파인상여열전〉을 보면 조나라와 진나라의 싸움 이야기가 나온다. 이 이야기 속에 독서의 본질에 대한 이야기가 숨어 있다는 사실을 아는 사람은 많지 않다.

진나라가 조나라를 침략했다. 그러나 조나라는 방어를 잘했기 때문에 진나라는 침략을 할 수 없었다. 이때 조나라의 장군은 조사였다. 조사는 자신의 아들인 조괄에 대해서 아주 믿기 어려운 예측을 했다. 자신의 아들인 조괄이 장군이 되면, 조나라는 반드시 망할 것이라는 것이다. 이와 같은 예측을 하는 사람이 또 한 명 있었다. 바로 '인상여'였다. 그 역시 조괄이 대장이 되는 것을 한사코 반대한 사람이다. 그런데 흥미롭게도 이 두 사람이 조괄의 대장 승진을 한사코 반대한 이유가 같았다. 그것은 조괄의 독서 태도에 관한 것이었다. 온갖 병법 이론에 해박했던 조괄의 독서는 한마디로 '도능독'이었다. 책 읽기에 능해서 책 속의 지식과 정보는 많이 알고 있었지만, 그것을 상황과 때에 맞추어 적용할 줄 아는 능력, 즉 의식과 사고력은 부족하다는 것이다.

▲ 퀀텀 리딩 2

사마천의《사기》〈염파인상여열전〉을 보면 조나라와 진나라의 싸움 이야기가 나온다. 이 이야기 속에 독서의 본질에 대한 이야기가 숨어 있다는 사실을 아는 사람은 많지 않다.

진나라가 조나라를 침략했다. 그러나 조나라는 방어를 잘했기 때문에 진나라는 침략을 할 수 없었다. 이때 조나라의 장군은 조사였다. 조사는 자신의 아들인 조괄에 대해서 아주 믿기 어려운 예측을 했다. 자신의 아들인 조괄이 장군이 되면, 조나라는 반드시 망할 것이라는 것이다. 이와 같은 예측을 하는 사람이 또 한 명 있었다. 바로 '인상여'였다. 그 역시 조괄이 대장이 되는 것을 한사코 반대한 사람이다. 그런데 흥미롭게도 이 두 사람이 조괄의 대장 승진을 한사코 반대한 이유가 같았다. 그것은 조괄의 독서 태도에 관한 것이었다. 온갖 병법 이론에 해박했던 조괄의 독서는 한마디로 '도능독'이었다. 책 읽기에 능해서 책 속의 지식과 정보는 많이 알고 있었지만, 그것을 상황과 때에 맞추어 적용할 줄 아는 능력, 즉 의식과 사고력은 부족하다는 것이다.

▲ 퀀텀 리딩 3

초공간 리딩 훈련법

독서 천재들은 모두 무의식을 통합하여 뇌의 능력을 극대화한 상태로 독서를 했다. 그래서 이 책에서는 누구나 쉽게 그런 경지에 오를 수 있도록, 3주만 훈련하고 노력하면 그런 경지 바로 아래까지는 도달할 수 있도록, 맛을 볼 수 있도록, 잠깐이라도 체험할 수 있도록 해주고자 한다.

우리는 잠자고 있는 독서 인자들을 깨워 훈련시켜야 한다.

결론은 뇌를 바꾸어야 하는데 뇌를 바꾸는 간단한 독서 스킬이 바로 초공간 리딩 훈련 스킬이다. 여기서 제안하는 7~9단계 스킬은 초공간 리딩 훈련법의 핵심이라고 할 수 있다. 그 중에서도 8단계 스킬이 강력하다.

먼저 7단계와 8단계를 살펴보자.

7단계: 리버스 리딩 스킬

7단계 스킬은 책을 그대로 잡고 오른쪽 마지막 줄부터 반대로reverse 읽어 올라가는 방법으로 5분 정도 읽은 후 바로 연속해서 그다음 페이지부터 다시 제대로 읽는 훈련법이다.

8단계 스킬은 책을 거꾸로 뒤집어서 한 줄씩 오른쪽 마지막 줄부터 반대로invert 5분 정도 읽고 나서 연이어 제대로 책을 놓고 한 줄 혹은 두세 줄, 가능하다면 대각선으로 읽는 훈련법이다.

나는 전자를 리버스 리딩reverse reading 훈련법, 혹은 RR 훈련법, 2R 훈련법이라고 부른다. 그리고 후자는 인버트 리딩invert reading 혹은 IR 훈련법이라고 명명했다.

여기서 주의할 점은 반드시 5분에서 10분 정도, 혹은 그 이상 책을 뒤집어서 한 줄씩 통으로 읽고 이해하는 훈련을 해야 한다는 것이다. 그렇게 일정 시간 이상 읽은 후에는 원래대로 책을 제대로 놓고 한 줄씩 혹은 두세 줄씩 통으로 읽어 내려가는 훈련이다.

이 훈련을 하면 어떤 효과가 있을까? 뇌의 사고 패턴이 복합화된다. 비유클리드 기하학적 독서가 된다. 뇌의 비규칙적 사고가 강화된다. 이 또한 결국 뇌가 달라진다는 말이다.

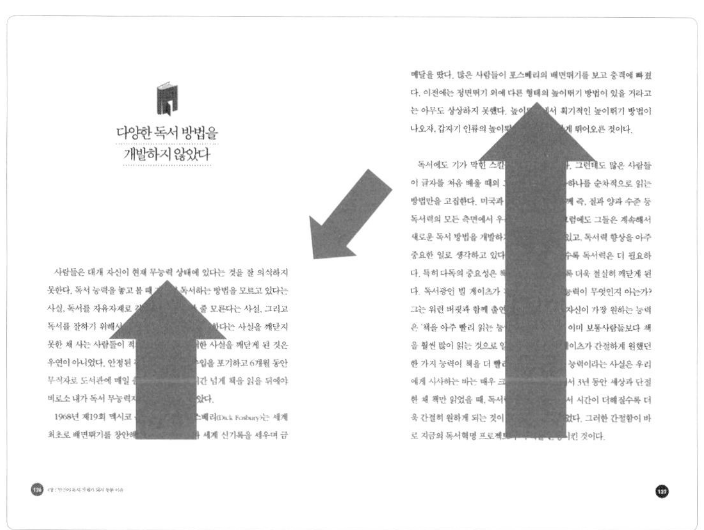
다양한 독서 방법을
개발하지 않았다

▲ 리버스 리딩: 오른쪽 하단부터 왼쪽 상단까지 거꾸로 한 줄씩 통으로 읽어 나간다(5분).

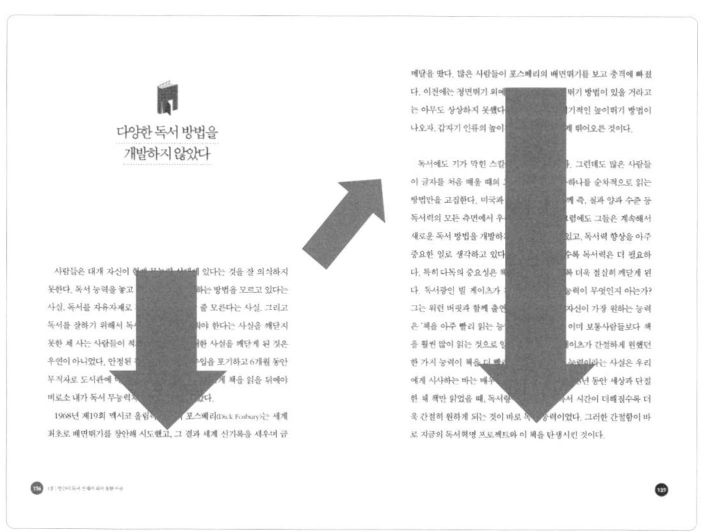
다양한 독서 방법을
개발하지 않았다

▲ 원래 독서하던 방법으로 그 다음부터 이어서 읽어 나간다. 이때 한 줄 혹은 두세 줄씩 통으로 읽어 내려가면 더 좋다(5분).

8단계: 인버트 리딩 스킬

앞에서 언급했듯이, 인버트 리딩 스킬은 책을 거꾸로 들고, 순서대로 오른쪽 아랫줄부터 읽어 올라갔다가 다시 제대로 읽는 독서 훈련법이다. 이때 중요한 것은 한 줄씩 읽으려고 노력해야 한다는 것이다.

훈련 요령은 이렇다. 인버트 리딩 5분 후 바로 이어서 5분 동안 원래대로 다음 내용을 빠르게 읽어 내려가는 훈련을 반복한다. 그리고 이 훈련에 숙달될수록 훈련 시간을 늘려야 한다. 흥미로운 것은 이 훈련에 숙달된 사람은 일부러 책을 거꾸로 들고 읽기도 한다. 이 훈련의 핵심은 뇌의 시공간을 약간 자극시켜서 독서의 인지 능력과 습득 능력을 향상하는 데 있다. 이 훈련법에서 가장 중요한 포인트는 연속해서 재독하는 것이다.

이 훈련 스킬은 10분이라는 짧은 시간에 뇌의 구조를 획기적으로 초공간 상태로 만들어버린다. 이 훈련에 숙달되면 독자들의 독서 엔진은 평면적 사고인 1기통에서 순식간에 6기통 혹은 12기통으로 바뀌어 독서력의 퀀텀 점프를 체험할 수 있게 된다.

독서 초보인 우리는 1단 기어 상태에서 책을 읽고 있다. 그러나 이 훈련 스킬을 통해 10분 만에 5단 기어 상태로 전환할 수 있다. 그리고 그 상태로 이어서 독서를 하게 되면, 자동차가 1단 기어일 때와 5단 기어일 때 추진력과 주행 느낌이 완전하게 다른 것처럼, 독서에 날개를 달게 될 것이다.

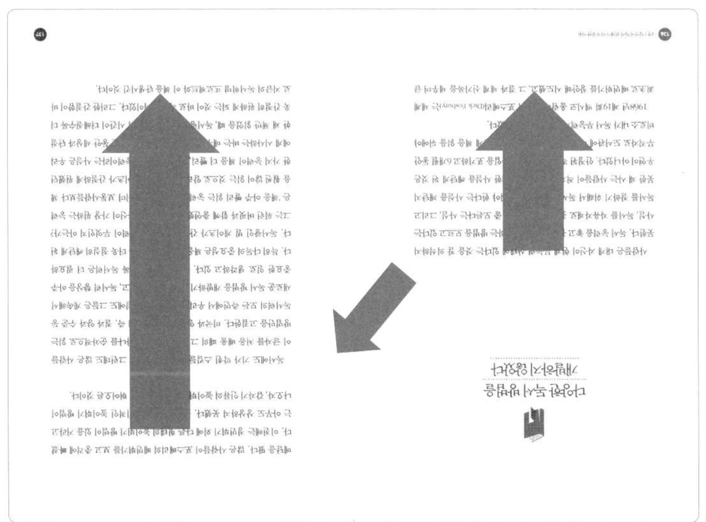

▲ 인버트 리딩: 책을 거꾸로 들고 한 줄씩 통으로 읽어 나간다(5분).

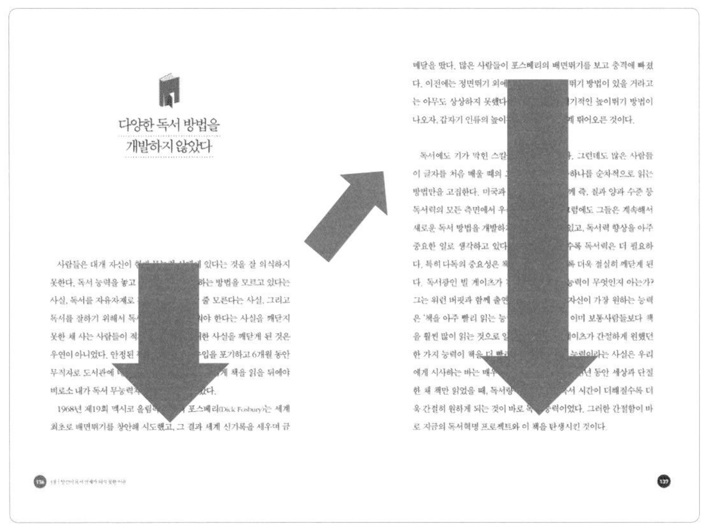

▲ 원래 독서하던 방법으로 그 다음부터 이어서 읽어 나간다. 이때 한 줄 혹은 두세 줄씩 통으로 읽어 내려가면 더 좋다(5분).

9단계: 수평 리딩 스킬

지금까지 우리는 책을 수직으로 세워서 읽었다. 책을 눕혀서 읽어도 얼굴은 90도 정도가 되게 해서 읽었다. 즉 평면 상태로 읽었다. 그러나 이번 스킬은 책을 수평으로 놓고 읽는 스킬이다. 이 또한 굉장히 낯선 상황을 만들어 뇌의 숨겨진 독서 인자를 깨우기 위함이다.

해보면 재미있다는 것을 알 수 있다. 잘하면 양쪽 페이지의 텍스트들이 입체가 되어 눈으로 들어오는 것을 느낄 수 있다.

수평 리딩 훈련법

- 책을 수평으로 코와 눈 사이에 가깝게 놓고, 10분 정도 읽는다. 시간은 점차 길게 한다.
- 효과: 책의 고정된 공간 개념을 완전하게 바꾸어 뇌의 시공간 영역을 활성화시킨다. 사용하지 않았던 뇌의 영역들을 깨우고 훈련하여 더 빨리 책을 읽게 해준다.

브레인 파워 리딩 훈련

10단계: 브레인 파워 리딩 스킬

책을 읽기 전에 뇌에 힘을 주고 책을 읽는 것과 그냥 읽는 것 사이에는 큰 차이가 있다. 생각해보라. 태권도 유단자가 벽돌을 깰 때 그냥 내려치지 않는다. 주먹에 힘이 들어가지 않는가? 그런데 왜 우리는 독서를 할 때 뇌에 힘을 줄 생각을 하지 않을까?

학창시절 선생님들은 우리에게 집중해서 공부하라고 수천 번도 더 조언하셨다. 그러나 집중해서 공부한다는 것은 무엇일까? 조용히 공부하는 것일까? 움직이지 않고 공부하는 것일까? 아니면 마음을 집중해서 공부하라는 것일까? 그렇다면 여기서 마음을 집중한다는 것은

뇌에 힘을 모으는 방법

- 3초 동안 우뇌에 힘을 주고, 다시 3초 동안 힘을 푼다.
- 3초 동안 좌뇌에 힘을 주고, 다시 3초 동안 힘을 푼다.
- 3초 동안 양 뇌에 힘을 주고, 다시 3초 동안 힘을 푼다.

또 무엇일까?

우리의 가장 큰 문제는 답이 너무 두루뭉술하다는 것이다. 손에 잡힐 만큼 명확하고 구체적인 답변을 아무도 해주지 않는다는 것이다.

내가 대답하겠다. 집중한다는 것은 브레인 파워를 의미한다. 뇌에 힘을 모으는 것이다. 그렇다면 어떻게 해야 뇌에 힘을 모을 수 있을까?

먼저 오른손을 들어 힘을 주어라. 주먹이 쥐어지고 힘이 모인다. 자, 이제는 오른쪽 뇌를 생각하라. 그리고 오른쪽 뇌에 힘을 주어라. 힘이 모이지 않는가? 이번에는 왼쪽 뇌에 힘을 주어라. 자, 이번에는 양쪽 뇌에 힘을 주어라.

독서 초보와 퀀텀 독서가의 독서 메커니즘을 비교해보자.

퀀텀 독서가의 독서 메커니즘

글자(텍스트) 눈으로 지각 입으로 소리 청각 자극 뇌로 이해

퀀텀 독서법은 보이는 것을 읽고 소리 내어 이해하는 방식에서 벗어나, 보이는 것을 읽고 그대로 이해해버리는 방식이다. 이 책은 바로 이런 과정을 좀 더 쉽게 하도록 도와준다. 퀀텀 독서법의 주된 원리는 한 글자 한 글자를 읽는 것이 아니라 한 줄, 두 줄, 다섯 줄, 나아가 열 줄, 심지어 한 페이지를 통으로 읽는 것이다. 그래서 사실상 발음하면서 읽는다는 것은 말이 되지 않는다.

80퍼센트 이상의 사람들은 속발음에 그렇게 힘들어하지 않지만, 속발음에 유독 힘들어하고 짜증내는 사람들이 있다. 이런 사람들을 위해 속발음 처방전을 제시한다.

먼저 속발음이 개선되지 않는 이유 중 하나는 집중력이 결여되어 있기 때문이다.

집중력은 한마디로 지금 이 순간에 온전히 주의를 기울이는 능력이다. 집중력이 좋을수록 독서력도 좋다. 우리는 자전거 타기를 배우듯 집중하는 방법을 배워야 하고, 독서하는 방법도 배워야 한다. 집중하려면 마음을 비워야 한다. 문제는 우리의 마음이다.

해 아래 새 것이 없다는 말은 진리다. 구글에서 시작된 명상법인

'마인드풀니스mindfulness'가 전 세계에 유행을 일으켰다. 그런데 이 명상법 역시 기존의 명상법에서 크게 다른 것은 없다.

명상의 효과에 대해 이야기하는 학자들은 적지 않다. 명상은 집중력 향상, 학습 효과 향상, 스트레스 해소, 면역력 향상 등에 도움을 주는, 바쁜 현대인들에게 정말 필요한 행위다.

나는 이 명상법을 응용해 '독서력을 발전시키는 퀀텀 리딩 집중력 향상 스킬'을 만들어 독서법을 배우는 이들의 집중력을 향상시켜주고 있다.

독서력을 발전시키는 퀀텀 리딩 집중력 향상 스킬의 단계

- 1단계: 눈을 감고 가장 편한 자세를 취한다.
- 2단계: 아무것도, 아무 생각도 절대 하지 않는다.
- 3단계: 오로지 숨을 들이쉬고 내뱉는 것에 온 정신을 집중한다. 숨쉬기는 인간이 하는 행위 중에 가장 기본적이며 동시에 가장 중요한 행위이기 때문이다.
- 4단계: 잡념이 생길 때마다 숨쉬기에 더 집중한다.
- 5단계: 5분 동안 숨쉬기 외에는 생각도, 아무것도 절대 하지 않고, 주의를 숨쉬기에만 집중한다.
- 6단계: 가능하면 숨 쉬는 시간이 길어질수록 좋다. 온 정신을 집중해서 숨쉬기를 제대로 깊게 하는 것에만 주의를 기울이고, 아무 생각도, 행동도 절대 하지 않는다.
- 7단계: 자주 하면 좋다. 일을 하다가, 독서를 하다가 지칠 때마다 5분씩 하면 된다.

《전뇌 학습법》의 저자인 스티븐. D 에이퍼트에 따르면, 이러한 명상은 매우 중요한 변화를 만들어낸다고 한다. 사람들이 가진 아주 오래된 나쁜 습관도 고칠 수 있고, 만성질환의 증상도 완화할 수 있으며, 잠재력을 활용할 수 있도록 돕고, 부정적인 사고방식도 바꾸어준다고 한다.

독서가들이 집중 명상의 하나인 퀀텀 리딩 집중력 향상 스킬을 매일 5분 이상 한다면, 독서력은 물론 삶의 질도 향상될 것이다.

도사들은 정신 집중과 명상을 잘한다. 이때 호흡이 달라진다. 그러나 나는 반대로 생각한다. 호흡이 달라져야 정신 집중이 잘되고, 명상도 잘 된다. 바로 이것이 브레인 파워다.

의식을 집중해서 독서를 하면 뇌에 알파파가 형성되어 우뇌의 활성화가 이루어진다. 이때 독서의 질과 격은 완전히 달라진다.

사실 브레인 파워 독서 스킬은 초보자에게는 힘들다. 초보자들은

브레인 파워 리딩 기법

1. 숨 쉬는 것에 의식을 집중한다.
2. 가상의 책을 손에 들고 있다고 상상한다.
3. 책의 무게와 감촉, 느낌, 크기를 상상한다.
4. 그 책이 전두엽의 이마 앞 10센티미터 정면에 떠 있다고 상상한다.
5. 이때 전두엽의 이마에 온 의식을 집중하는 것이 매우 중요하다.

브레인 파워 리딩 기법을 활용해서, 의식을 집중시킨 후(뇌에 힘을 준 후) 독서를 해보라.

뇌도 손이나 발처럼 우리 몸의 일부라는 사실을 사람들은 망각하고 산다. 초의식 독서법의 원리는 손을 사용해 뇌를 활성화시키고, 의식을 집중해서 뇌의 힘을 활용하는 것이다.

이 스킬을 훈련할 때 주의할 점은 뇌가 떨릴 정도로 힘을 주어야 한다는 것이다. 뇌에 엄청난 에너지를 모은 후에 그 추진력으로 독서를 하는 훈련이다. 호흡은 자연스럽게 달라진다.

눈이 아니라 뇌로 책을 읽는다는 느낌이 들어야 한다. 실제로 그렇다. 책의 내용이 그대로 뇌 속에 고스란히 들어온다는 느낌을 느껴야 한다.

11단계: S.O.C. 리딩 스킬

뇌는 굉장히 게으르다. 그래서 열심히 움직여야 할 명분이나, 환경을 만들어주지 않으면 절대 움직이지 않는다. 새로운 것을 시도하지 않고 움직이지 않으면 발전이란 없다.

S.O.C.Slope Orthogonal Cycle 리딩은 바로 이러한 뇌의 특성을 이용하여 다양한 환경을 만들어서 독서를 복합적으로 하도록 순환시켜주는 스킬이다. 2단계 시공간 자극 스킬의 심화 버전이라고 할 수 있다.

S.O.C. 리딩 훈련법

- 책을 90도 돌린 상태에서 읽다가 180도 → 270도 → 정상 → 다시 90도각도로 돌리면서 읽는다. 각 사이클마다 5분씩 읽는다.
- 책의 각도를 전환시킴으로써 세로 독서,가로 독서를 경험하게 하고, 뇌의 고착화된 사고 흐름을 바꾸어 사고력을 변화하며, 무엇보다 우뇌를 활성화시키는 방법이다.
- 90도, 180도, 270도, 정상 등 다양한 각도에서 책 읽는 훈련을 통해 뇌의 고정된 사고 패턴에 변화와 자극을 주어, 새로운 시냅스를 형성하게 해주는 기초 근육을 길러준다.

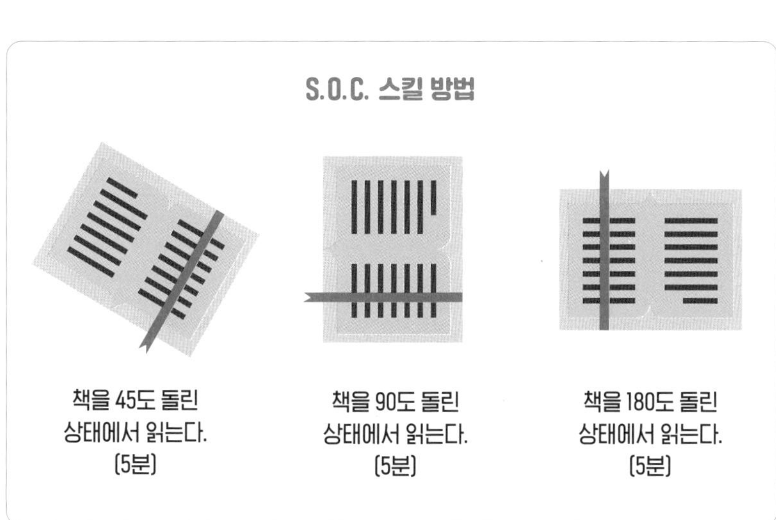

12단계: SUN 3.5.7 리딩 스킬

SUN 3.5.7 리딩 스킬은 'See(보고) → Understand(이해하고) → Next(다음 줄로 넘어간다)'의 약자를 따서 만든 리딩 스킬이다.

훈련법은 간단하다. 세 줄 혹은 다섯 줄, 일곱 줄 중에 하나를 선택하라. 그러고 나서 5초 동안 먼저 그 줄을 통째로 봐야 한다. 이것이 'See' 단계다. 보고 나서는 그 줄을 통째로 이해하려고 해야 한다. 이것이 'Understand'이다. 그러고 나서 다음 줄로next 넘어간다.

보는 단계에서는 보기만 해야 한다. 절대 이해까지 하려고 해서는 안 된다. 보는 것과 이해하는 것은 알고 보면 매우 다른 행위다. 이것을 한 번에 하려고 하면 오히려 과부하가 걸려 더 많은 시간이 소요될 수 있다.

SUN 3.5.7 리딩 훈련법

- 한 번에 세 줄, 다섯 줄, 일곱 줄을 통으로 읽게 도움을 주는 훈련
- See(5초) → Understand(5초) → Next

1. See 단계에서는 보기만 할 것, 절대 이해하려고 욕심 내지 마라.
2. 이해가 부족해도 5초 뒤에는 다음 통 줄로 넘어가라.
3. 처음에는 5초로, 숙달되면 3초로, 그리고 더 숙달되면 1초로 한다.
4. 1초가 되면 세 줄에서 다섯 줄로 하고, 더 숙달되면 일곱 줄, 열 줄로 점차 늘린다.

철저하게 분리를 해, 보는 단계에서는 통째로 몇 줄을 보려고 해야 하고, 이해 단계에서는 통째로 몇 줄을 한꺼번에 이해하려고 해야 한다.

원 페이지 리딩 훈련

13단계: 일독십행 리딩 스킬

일독십행 리딩 스킬은 한 번에 열 줄을 읽을 수 있도록 도와주는 훈련법이다. 먼저 훈련을 할 때는 훈련에만 집중한다.

이 훈련법은 좌뇌의 스위치를 끄고 우뇌만 활성화시킨다. 그러기 위해서는 훈련할 때 이해하려고 하지 말고, 그저 보려고만 해야 한다. 이렇게 10분 동안 훈련을 한 후에 독서를 해보라.

가장 조심해야 할 것은 절대 이해하려고 하지 말아야 한다는 것이다. 이해하려고 하는 순간 좌뇌가 가동된다. 이 스킬은 순전히 우뇌 훈련이 되어야 한다.

분명한 차이를 느낄 수 있는 사람도 있지만, 못 느끼는 사람도 있을 것이다. 그러나 이것을 한 달 동안 꾸준히 훈련하면 분명히 효과가 있다.

일독십행 리딩 훈련법

1. 좌뇌의 기능을 배제시킨다(이해하려고 하지 말 것).
2. 우뇌의 이미지를 사용하라.
3. 이해하지 못한 내용에 얽매이지 말고 일단 버릴 것은 버린다.
4. 숙달되면 다 얻게 된다.

· 절대 이해하려고 해서는 안 됨. 10분 훈련 후 제대로 읽기

14단계: 대칭 리딩 스킬

대칭 리딩symmetry reading 스킬은 하나가 아니라 두 개다. 톱다운top down 스킬과 레프트라이트left right 스킬이 있다.

톱다운 스킬은 책을 정상 위치보다 더 높게 혹은 더 낮게 두고 그 상태에서 얼굴 각도는 변함없이 시선의 각도만 바꾸어 읽는 훈련이다.

레프트라이트 스킬은 책을 왼쪽이나 오른쪽으로 위치하게 한 뒤 시선의 각도만 바꾸어 읽는 훈련이다.

우리의 뇌가 눈과 매우 밀접하게 연결되어 있다는 것을 느낄 수 있을 것이다.

대칭 리딩 훈련법

- 톱다운 스킬: 책을 정상 위치보다 더 높게 혹은 더 낮게 둔 상태에서 얼굴 각도는 변함없이 시선의 각도만 바꾸어 읽는 훈련법
- 레프트라이트 스킬: 책을 정상 위치보다 더 오른쪽 혹은 더 왼쪽에 놓고, 얼굴 각도는 변함없이 시선의 각도만 바꾸어 읽는 훈련법

15단계: 초공간 사이클 리딩 스킬

퀀텀 리딩은 뇌의 시공간을 왜곡시키고 변하게 만들어 독서력을 퀀텀 점프하게 도와주는 독서법이다. 그래서 다양한 스킬을 복합적으로 연속해서 훈련하는 기법을 통해 더욱더 독서력을 향상시킬 수 있다.

15단계 스킬은 말 그대로 지금까지 배운 모든 스킬을 자신의 능력과 역량에 맞추어 조합해서 순환하며 훈련하는 단계다. 사람마다 능력과 재능이 제각각이기 때문에 자신에게 가장 효과적인 스킬을 세 가지에서 많게는 일곱 가지 정도 선택하여 자신만의 토털 사이클 스킬을 만들어야 한다.

원칙이나 규율은 없다. 자신에게 가장 편하고 효율적인 최적의 스킬들을 접목해서 자기 나름대로 독서법을 만들어내면 되는 것이다.

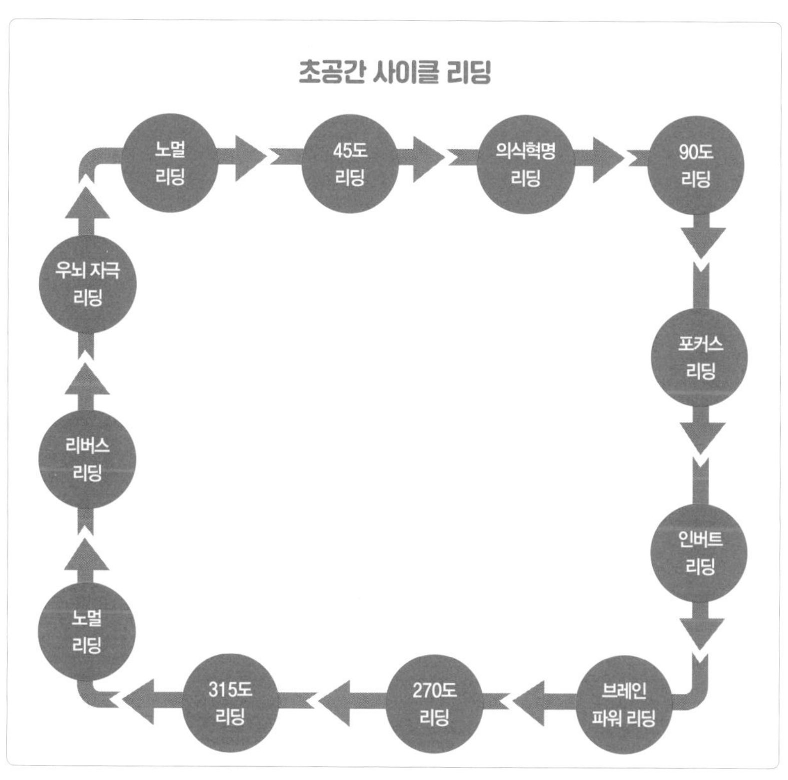
초공간 사이클 리딩
노멀 리딩
45도 리딩
의식혁명 리딩
90도 리딩
포커스 리딩
인버트 리딩
브레인 파워 리딩
270도 리딩
315도 리딩
노멀 리딩
리버스 리딩
우뇌 자극 리딩

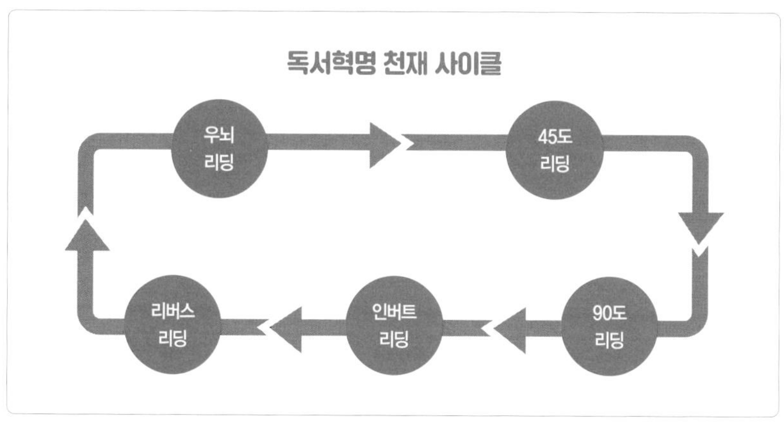
독서혁명 천재 사이클
우뇌 리딩
45도 리딩
90도 리딩
인버트 리딩
리버스 리딩

7장

퀀텀 리딩 마스터 시스템 Q.R.M.S.

지나치게 빨리 읽거나 느리게 읽으면 아무것도 이해하지 못한다.

| 파스칼 |

Q.R.M.S. 독서법이 가장 필요한 사람

지금 우리가 살아가고 있는 시대는 과거와 다르다. 과거에는 무조건 열심히 성실하고 근면하게 살아가면 먹고살 수 있는 시대였다. 그러나 오늘과 내일은 어제와 전혀 다르다. 무조건 열심히 일을 한다고 해서 부자가 되거나 성공하지 못한다. 그래서 많은 이들이 한탄한다. 아무리 일을 열심히 해도 지긋지긋한 가난에서 벗어날 수 없다고 말이다. 흙수저는 금수저로 태어나지 않는 이상 큰 부와 성공은 쉽지 않다고 한다. 그런 점에서 이 시대는 정말 답이 없는 시대처럼 보인다.

하지만 명심하자. 하늘이 무너져도 솟아날 구멍은 있다. 정말 지금처럼 한탄만 하면서, 시대 탓 남 탓만 하면서 이미 우리에게 주어진 단 한 번뿐인 삶을 그저 그렇게 살아갈 것인가?

온 힘을 다해 일해도 지긋지긋한 가난을 면하기 어렵고, 죽을힘을 다해 노력해도 부와 성공을 이루지 못한다면, 그렇다면 우리는 어떻게 해야 할까? 정말 방법은 없는 것일까?

왜 아무리 열심히 일해도 나는 안 되는 것일까?

왜 남들보다 더 노력해도 남들보다 더 못하는 것일까?

왜 죽을힘을 다해 살아도 죽음보다 못한 삶을 살게 되는 것일까?

왜 온 힘을 다해 눈을 부릅뜨고 살아도 늘 정체된 삶을 살게 되는 것일까?

왜 어제와 별반 다를 바 없는 지긋지긋한 삶을 오늘도 내일도 살게 되는 것일까?

왜 다른 사람은 다 되는데 나는 안 되는 것일까? 난 무엇이 문제일까?

효과적인 다독술인 퀀텀 리딩 마스터 시스템 Q.R.M.S.Quantum Reading Master System가 꼭 필요한 사람이 바로 이런 사람들이다.

이 시대는 전문가의 시대가 아니라 새로운 융복합 창조의 시대다. 성공하는 사람, 취업하는 사람, 창업하는 사람, 부자가 되는 사람은 하다못해 남들과 다른 새로운 뭔가를 가지고 있는 사람들이다. 그것이 바로 창조력이며, 상상력이며, 아이디어다.

이 시대는 과거와 달리 새로운 것과 다양한 것을 잘 결합하여 기존의 것들보다 더 가치 있는 새로운 것을 만들어낼 줄 아는 창조력과 상상력, 아이디어가 유일한 경쟁력인 융복합 창조의 시대다.

이런 시대에 어제와 다를 바 없이 출퇴근하며 그저 근면 성실하게만 일한다는 것은 자신을 실패와 낙오의 길로 이끄는 '가장 확실한 선택'을 했다는 뜻이다.

세상의 부와 권력과 트렌드를 지배한 사람들을 보자. 그들이 과연 우리보다 더 많이, 오래 일했을까? 일의 양만으로만 볼 때 결코 그들이 우리보다 더 많은 노동을 했다고 볼 수 없다. 그렇다면 그들과 우리의 차이는 어디에 있을까? 단언컨대 그들은 우리보다 열 배는 더 좋은 독서 능력을 가지고 있었다. 덕분에 그들은 더 적은 시간으로 더 많은 양의 독서를 했고, 그 양은 결국 질로 이어졌다.

절대 독서의 질이 먼저가 되어서는 안 된다. 양이 되어야 그 후에 질이 된다. 양의 독서가 먼저다. 수천 권의 책을 읽은 후에야 단 한 권의 책을 읽어도 수준 높은 질의 독서가 가능하다.

양이 되지 않고, 처음부터 질의 독서를 하겠다고 하는 것은 자기기만이다. 초등학생이 수학 공부도 하지 않고, 미적분학을 공부하겠다고 하는 것과 다름없기 때문이다. 그저 몇십 권, 몇백 권의 독서량을 가진 사람이 질의 독서를 운운하는 것은 어불성설이다. 독서의 무궁무진한 세계를 모르고 하는 소리다.

다산 정약용 선생은 유배지에서 두 아들에게 보내는 편지에 '오직 독서만이 살 길이다'라며 독서를 강조했다. 그뿐만 아니라 자기 자신도 평생 독서를 멈추지 않았다. 다산 선생의 독서 인생이 어떠했을지는 18년 동안 500여 권의 책을 집필한 사실만 봐도 짐작할 수 있다.

오직 독서 이 한 가지 일이 위로는 옛 성현聖賢을 좇아 함께 할 수 있게 하고 아래로는 백성을 길이 깨우칠 수 있게 하며 신명에 통달하게 하고 임금의 정사를 도울 수 있게 할 뿐 아니라, 인간으로 하여금 짐승과 벌레의 부류를 벗어나 저 광대한 우주를 지탱하게 하니 독서야말로 우리들의 본분本分이라 하겠다.

• 다산 정약용 •

가슴 속에 만 권의 책이 있어야 그것이 흘러넘쳐 그림과 글씨가 된다.

• 추사 김정희 •

추사 김정희 선생도 독서를, 그것도 양의 독서를 강조했다.

최고의 부자인 빌 게이츠나 워런 버핏, 투자의 귀재 조지 소로스, 세계 최고의 글자인 한글을 창제한 세종대왕, 시대의 영웅 이순신 장군, 최초의 흑인 미합중국 대통령 버락 오바마, 20세기 중화인민공화국 최고 영웅이자 지도자였던 마오쩌둥 등의 공통점은 바로 엄청난 양의 독서를 했다는 점이다.

노벨물리학상 수상자인 필립 앤더슨이 1972년에 〈사이언스〉에 발표한 논문을 보면, 이런 말이 나온다.

"여러 부분이 합쳐지면 단순한 물리적인 합보다 많은 새로운 성질이 만들어진다. 즉 많아지면 달라진다."

그렇다. 적당히 독서하는 것이야말로 최고의 낭비다. 그것은 독서를 취미 생활로 전락시키는 것과 다름없다. 하려면 제대로, 많이 해야 한다. 명심하자. 많아져야 달라진다. 적당히 해서는 아무것도, 그 무엇도 달라지지 않는다.

반드시 주의해야 할 사항이 있다. 일반적인 독자라면 앞의 15단계 독서 스킬 중 앞 단계 스킬 훈련만으로도 충분하다. 뒤 심화 과정 스킬들은 독서 고수를 위한 스킬이므로 처음 몇 개월 동안은 하지 않아도 된다.

Q.R.M.S.는 더 그렇다. 분당 9,000자 이상만 Q.R.M.S. 입문 코스를 천천히 시작해야 한다. 초급자가 하면 혼란만 온다. 그러므로 Q.R.M.S. 부분은 나중에, 아주 나중에 읽으며 훈련해도 된다. 처음부터 욕심을 내면 절대 안 된다.

Q.R.M.S.와 독서 스킬의 차이점

앞 장에서 설명한 독서 스킬들과 지금부터 소개할 Q.R.M.S. 독서법은 전혀 다르다.

독서 스킬은 말 그대로 독자들의 독서 근육을 단련하고, 독서력을 향상하기 위해 만든 하나의 도구이자 수단이다. 독서를 잘할 수 있는 브레인과 신체 상태를 만들어주기 위해 의도적으로 고안한 독서훈련 방법이다. 그러나 Q.R.M.S. 독서법은 실제로 독서를 하는 방법이며, 독서를 즐기는 시스템이다. 이 차이를 분명하게 알아야 한다.

독서력 향상이 필요 없을 만큼 독서력이 높은 사람은 독서 스킬을 훈련할 필요가 없다. 물론 이런 사람은 거의 존재하지 않겠지만 말이다. (빌 게이츠 역시 독서를 빨리 할 수 있는 기술을 갖고 싶다고 말할 정도 아닌가.)

독서 초보사들, 특히 '책 한 권을 읽는 데 다섯 시간, 열 시간 걸리는 사람'들은 독서법을 배우기 전에 독서 근육을 먼저 키워야 한다. 훈련을 통해 독서력이 향상된 후에야 비로소 제대로 된 독서를 즐길 수 있는 것이다.

그런데 많은 독자가 이런 독서 훈련을 거쳐야 한다는 생각 자체를 못하고 있다. 한 자 한 자 읽는 식의 독서법에 대해 한 번도 의문을 제기하지 못한 채 지금도 책을 읽고 있다. 결국 약한 독서력으로 계속 지지부진한 독서를 하게 되는 것이다. 평생 만족스럽지 못한 독서를 하는 것이 바로 이런 이유 때문이다.

독서를 하면 할수록 독서력이 향상해야 하는 것이 정상이다. 실제로 과거에는 매일 꾸준히 엄청난 독서를 한 사람이 많았고, 그로 인해 독서 천재가 적지 않았다. 하지만 현대에는 그런 독서 천재들이 생겨날 환경이나 조건이 되지 않는 것이다.

그 결과 독서로 인생을 바꾼 사람들이 적다. 그러나 독서력이 지금보다 두세 배만 향상되더라도 인생은 몰라보게 달라진다는 사실을 명심하자. 독서의 두께는 결코 배신하지 않는다. 질을 만드는 것은 양이기 때문이다.

가장 효과적인 브레인피트니스, Q.R.M.S.

Q.R.M.S. 독서법이 기존의 독서법과 확연하게 다른 한 가지는 기존의 독서가 하지 못한 새로운 형태의 독서 방법을 제시한다는 것이다. Q.R.M.S. 독서법으로 독서를 하면 뇌를 새롭게 '리빌딩re-building(재건)'할 수 있다. 그 근거는 무엇인가?

Q.R.M.S. 독서법(이하 '퀀텀 리딩'이라 하겠다)은 잠자고 있는 인간의 뇌를 끊임없이 자극하고 훈련하게 하는 새로운 타입의 독서 방법이다. 인간의 뇌는 우주보다 더 신비롭다. 우리에게는 1,000억 개의 뉴런과 100조 개의 시냅스가 있다. 100조 개가 넘는 시냅스는 우리의 무궁무진한 상상력의 돌파구가 되고, 1,000억 개나 되는 뉴런은 상상력의 원천이 되어준다.

퀀텀 리딩으로 독서를 하면 이 1,000억 개의 뉴런과 100조 개의 시냅스가 춤을 추게 된다. 그렇게 되면 우리 뇌의 정보처리 회로는 상상도 할 수 없을 정도로 달라진다. 심지어 없던 신경세포 회로가 생성되고 수많은 뉴런과 뉴런 사이의 연결통로가 새롭게 만들어진다.

매우 인상적이었던 아이폰의 광고 마지막에 이런 문구가 나온다.

"차라리 마법에 가깝다."

퀀텀 리딩은 이것을 뛰어넘는다. 퀀텀 리딩은 정말로 마법이며 기적이다. 독서를 제대로 충분한 양을 해내는 사람들이 적어지면서 독서의 엄청난 마법을 경험하는 사람이 극소수가 되었다. 이것을 다시 회복할 수 있는 기회가 바로 퀀텀 리딩이다.

아인슈타인의 말처럼 기존의 방식대로 하면서 새로운 성과를 기대하는 사람은 가장 어리석은 사람이다. 기존의 방식대로 책을 읽으면서 다른 성과를 기대하는 사람도 이와 마찬가지다. 퀀텀 리딩은 1,000억 개나 되는 뉴런과 100조 개나 되는 시냅스를 놀리지 않고 최대한 활용하는 독서법이다.

지금까지 우리는 이 엄청난 두뇌를 놀고먹게 하는 독서법에 익숙해져 있었다. 그것은 순차적으로 한 글자 한 글자 읽는 평면적 독서법이다. 그러나 퀀텀 리딩은 우리가 가지고 있는 엄청난 두뇌를 극대화해서 한 글자 한 글자가 아니라 한 문장 혹은 여러 문장 심지어 한 페이지를 통째로 단번에 읽는 입체적 독서법이다. 지금까지 이러한 독서법은 개발된 적이 없었다.

인류는 엄청난 퀀텀 점프를 해왔다. 종이를 발명하고 인쇄기를 만들어서 대량의 책을 생산할 수 있게 되었다. 그때부터 엄청난 양의 책이 세상에 나올 수 있었고, 현재 지식 폭발의 시대를 맞이하게 되었다. 그러나 독서법의 혁신은 책의 생산 혁명에 비해 제대로 이뤄지지 않았다. 그 결과 지금 독서법의 혁신이 그 무엇보다 절실하게 필요해졌다.

독서법에서 가장 중요한 것은 인간에 대한 정확한 이해다. 인간의 눈과 뇌에 대해서 정확히 이해하는 것이 독서를 효과적으로 잘해낼 수 있는 유일한 방법이다. 인간의 눈은 한 글자 한 글자 순차적으로 읽기에 부적합한 도구며, 또한 우리의 뇌는 너무 느린 속도로 책을 읽을 때 쓸데없는 이미지를 만들어내는 특성을 가지고 있다. 물론 너무 빠른 속도로 책을 읽어도 문제가 생기는 건 마찬가지다.

중요한 것은 뇌가 처리할 수 있는 너무 빠르지도 너무 느리지도 않은 적당한 속도와 텍스트의 양이다. 나는 한 시간에 한 권 독서가 가장 추천할 만한 독서 속도이자 양이라고 결론 내렸다. 그리고 그것을 가능하게 해주는 것이 바로 퀀텀 리딩이다.

퀀텀 리딩은 세상의 컴퓨터를 모두 합친 것만큼이나 복잡한 네트워크인 뇌의 정보처리 회로를 바꾸어준다. 인공지능이 아무리 사람의 일자리를 앗아간다 해도 걱정할 필요는 없다. 인공지능은 인간의 창의적이고 감성적인 영역을 절대로 침범할 수 없기 때문이다.

우리가 기억해야 할 것은 뉴턴의 관성의 법칙이다. 관성의 법칙은 한 마디로 외부에서 힘이 작용하지 않으면 운동하는 물체는 계속 그 상태를 유지하려고 하고 정지된 물체는 계속 정지하려고 한다는 법칙이다. 인간의 뇌도 마찬가지다. 외부에서 새로운 힘이나 자극이 없으면 기존의 상태를 계속 유지하려고 한다. 이런 우리의 뇌에 새로운 외부의 힘을 작용하게 하는 가장 효과적인 브레인피트니스 방식이 바로 퀀텀 리딩이다.

퀀텀 리딩은 한마디로 뇌를 건강하고 강력하게 돕는 브레인피트니스 독서라고 할 수 있다. 뇌는 인간에게 가장 중요한 부분이다. 하지만 현대인들은 뇌가 아니라 몸을 '피트니스'한다. 건강한 몸을 만들기 위해서다. 문제는 균형이다. 몸은 (운동을 통해) 계속해서 젊음을 유지하지만, 뇌는 (운동하지 않아서) 지속적으로 늙어간다는 사실을 알아야 한다.

인간의 뇌는 쓰면 쓸수록 발달하지만 스마트폰과 컴퓨터 등으로 인해 현대인의 뇌는 갈수록 생각하지 않아도 되는 환경에 직면하고 있다. 그러나 아무도 이것을 심각하게 생각하지 않는다.

퀀텀 리딩은 뇌를 많이 쓰도록 도와주는 독서법이다. 인간의 뇌가 더는 퇴보하지 않게 막아주는 독서법이라고 할 수 있다. 동일한 시간 독서를 해도 오로지 독서만 하는 사람이 있는 반면 퀀텀 리딩은 브레인피트니스까지 도와준다는 점에서 획기적이다. 퀀텀 리딩은 전혀 새로운 방식으로 독서를 하게 함으로써 뇌를 잠에서 깨운다. 그래서 신선하며 충격적이고 도발적인 독서법인 것이다.

뇌를 계발하는 혁명적 독서법, 퀀텀 리딩

퀀텀 리딩은 뇌의 네트워크를 책임지는 매우 중요한 요소인 시냅스를 새롭게 형성하고 강하게 훈련시킨다. 퀀텀 리딩을 할수록 신경 전달이 활발히 일어나고 네트워킹이 더 긴밀하게 되며 새로운 시냅스 가지들은 더 두터워진다. 많은 시냅스가 새롭게 연결되고 그 시냅스 가지들이 두터워질수록 뇌 회로는 훨씬 더 빨리 흥분과 자극의 전도가 일어나게 된다. 이렇게 시냅스 회로가 활성화되면 우리의 뇌는 더 빠르고 폭넓게, 더 다양하고 창조적이며 명철하게 작동하게 되는 것이다.

자주 사용하는 시냅스 회로는 관성의 법칙에 따라 더 활성화되고 강화되며 더 민첩해진다. 퀀텀 리딩은 바로 이것을 도와준다. 시냅스들을 강화시켜서 뇌의 신경정보 회로를 한 마디로 '환골탈태' 시켜준다. 이것이 가소성plasticity, 可塑性이다. 가소성을 쉽게 말하면 외부의 자극이나 경험, 학습에 의해 구조와 기능이 변화하고 재조직되는, 즉 리빌딩하는 현상을 말한다.

퀀텀 리딩은 학습과 경험에 의해 얼마든지 새롭게 만들어질 수 있는 뇌의 가소성을 극대화시켜준다. 방법이 잘못되면 아무리 노력을 해도 상응하는 효과나 성과를 보지 못한다. 퀀텀 리딩은 그것을 예방해준다. 퀀텀 리딩을 통해 실제로 독서 천재가 된 수강생이 적지 않다. 한 가지만 기억하자. 우리의 뇌는 학습이나 훈련에 의해 계발될 수 있다. 뇌는 중년 이후에도 발전하고 변화하며 새롭게 형성될 수 있다.

세계적 뇌 과학자인 일본 도호쿠대학교의 가와시마 류타 교수는 200만 부 이상 팔린 자신의 저서를 통해 다음과 같이 재밌는 사실들을 이야기한 바 있다. 그에 따르면 소리 내지 않고 몇 번씩 반복해서 빠르게 읽다 보면 뇌가 워밍업이 되고 인간다움과 창조성을 주관하는 대뇌의 가장 앞부분인 전두전야가 활발하게 움직이게 된다는 것이다.

또한 그는 놀라운 주장을 하는데, 뜻을 모르는 문장을 읽어도 뜻을 알고 읽어 내려갈 때와 동일하게 뇌가 움직인다는 것이다. 뜻을 모르는 문장이더라도 빠른 속도로 묵독을 하면 사물을 바라볼 때 작용하는 시각야視覺野와 숫자나 한자의 의미를 파악하는 하측두회가 활발하게 움직이며 전두전야가 단련된다고 주장한다.

류타 교수의 주장을 통해 볼 때, 퀀텀 리딩의 초반 단계는 뇌의 전두전야를 단련시키는 일종의 훈련인 셈이다. 그래서 퀀텀 리딩을 뇌를 리빌딩하고 전두전야를 훈련시키는 새로운 혁명적 독서법이라고 말하는 것이다.

Q.R.M.S.의 10가지 장점

내가 세계 최고의 독서법이라고 자부하는 퀀텀 리딩, 즉 Q.R.M.S.의 좋은 점은 무엇일까?

첫째, 책의 내용에 따라 읽는 속도를 달리할 수 있을 뿐만 아니라, 좀 더 세분화시켜서 페이지마다 읽는 속도도 달리할 수 있다. 그렇게 되면 책의 내용 중에 중요한 부분에는 더 많은 시간을 투자하고, 덜 중요한 부분에는 적은 시간을 투자할 수 있게 되어 시간을 좀 더 효율적으로 사용 가능하다.

둘째, 책 읽는 것이 매우 재미있어진다. 대각선으로 양 페이지 전체를 가로질러 읽기 때문에 속도감을 느낄 수 있어 지루할 틈이 없어진다.

셋째, 자신의 독서력에 맞추어 맞춤식으로 독서 훈련을 할 수 있다.

자신의 능력에 맞게 단계를 조절할 수 있기 때문에 남녀노소 누구나 쉽게 따라할 수 있는 독서법이다.

넷째, 기존의 독서 방법이 부분을 먼저 읽게 하는 것에 반해, 이 독서법은 먼저 양 페이지 전체를 읽고, 그다음에 순차적으로 단락을 읽고, 그 뒤 세분화된 부분, 문장을 읽게 한다는 것이다. 이럴 경우 전체적인 맥락을 파악해야 하는 전공 서적 공부에도 매우 유익하다고 할 수 있다.

다섯째, 빠른 속도로 방대한 양의 문서나 책 내용을 간파할 수 있다. 문서나 책이 기하급수적으로 많아지고 있는 이 시대의 직장인들에게 꼭 필요한 독서법이 아닐 수 없다.

여섯째, 기존의 독서법에 질린 독서가들에게 매우 획기적인 독서 방법을 제공해준다. 많은 독서가가 그저 왼쪽에서 오른쪽으로, 한 단어씩 혹은 한 줄씩 읽는 소극적인 독서법에 길들여져 있었다. 그러나 이것은 이런 기존의 독서법을 깨부수는 혁명적인 독서법이다.

일곱째, 우리 안에 숨어 있던 독서 능력을 제대로 일깨워준다. 한 번도 발견하지 못했던 자신의 어마어마한 독서 능력을 이 독서법을 통해 만날 수 있게 된다.

여덟째, 많은 책을 깊게 다양하게 폭넓게 독파할 수 있다. 기존의 독서 방법은 한 권을 읽는 데 너무 많은 시간이 걸리고, 금방 지치게 된다. 그러나 퀀텀 독서법은 하루에 열 권 이상의 책도 읽을 수 있게 해줄 뿐만 아니라 에너지 소모도 적어서 더 많은 양의 책을 독파할 수 있게 돕는다.

아홉째, 학교 성적, 업무 성과, 논문 작성, 책 집필, 보고서 작성 등에 탁월한 도움을 준다. 다른 말로 성공할 수 있게 해주고, 무엇보다 성장할 수 있게 해준다. 사람이 달라지는 것이다.

열째, 가장 중요한 이점이다. 바로 독서를 다양하게 즐길 수 있게 해준다. 이것보다 더 좋은 유익이 또 있을까? 독서하는 방법이 다양해지기 때문에 독서가 지겹고 힘든 것이 아니라, 매우 즐겁고 짜릿한 경험이라는 것을 깨닫게 해주고, 그렇게 독서에 대한 인식을 바꾸어준다는 것이다.

자, 이제 독서 천재들을 위한 독서법인 Q.R.M.S.를 시작하기 전에 다시 한번 더 당부한다.

독서 초보는 퀀텀 리딩 스킬 중 앞의 4단계 혹은 8단계 스킬 정도만 해도 충분하다. 독서 중급은 뒷 단계의 심화 스킬을 하나씩 천천히 확장시켜 훈련해나가며, 절대 조급해해서는 안 된다. 분당 8,000~9,000자 이상, 독서 천재가 아닌 자는 절대 Q.R.M.S.를 해서는 안 된다. Q.R.M.S.는 독서 천재들을 위한 독서법이므로, 초급자는 읽지 않아도 된다. 스킬 몇 개만으로도 충분히 독서력을 향상할 수 있음을 명심하라.

Q.R.M.S. 입문 코스 4단계

Q.R.M.S. 독서법은 독서하는 사람의 독서력에 따라 5단계로 나누어 만들었다. 먼저 자신의 독서력이 분당 8,000~9,000자 이하인 사람들은 스킬로만 훈련하고 연습하면 된다. Q.R.M.S. 입문 코스는 분당 8,000~9,000자들에게 맞는 독서 훈련법이다.

1단계는 자신의 잠재능력을 깨우는 단계다. 쉽게 말해서 자신감을 부여하는 단계다. 아래의 말들을 5초 동안 해본다.

"나는 세계 최고다."

"나는 무엇이든 해낼 수 있는 천재다."

"나는 천재다."

"나는 이 세상 누구보다 더 잘 할 수 있다."

"나는 ○○○다."

자신의 이름을 넣고 그 이름에 큰 의미와 가치를 부여해보자. 5초 동안 이 말들을 마음에 새겨보는 것만으로도 당신의 무의식과 잠재능력은 충분히 요동칠 것이다.

2단계는 수직 5회 빠르게 읽기다. 왼쪽 페이지부터 단락 위주로 수직으로 빠르게 읽기를 5회 실시한다. 단락 위주로 5회 정도, 왼쪽 페이지부터 오른쪽 페이지 끝까지 읽는 것이다. 5회 빨리 읽고 난 후 양 페이지 내용의 70퍼센트 이상 이해했다고 생각되면, 과감하게 3단계를 생략하고, 그대로 읽어 나가면 된다.

수직 읽기는 다른 말로 일독삼행, 일독오행, 일독십행 독서법이다. 한 번에 세 줄, 다섯 줄 혹은 열 줄을 읽고 이해하는 독서 스킬이다.

그러나 70퍼센트 이상 이해하지 못했다고 생각되면, 3단계로 넘어가야 한다.

3단계는 수평 읽기다. 이것도 마찬가지로 5회 정도 빠르게 읽기다. 이때 반드시 세 줄 혹은 다섯 줄을 기본 단위로 하여 읽는 것이 좋다. 이렇게 읽은 후에 마찬가지로 70퍼센트 정도 이해가 되었다면 4단계를 생략하고, 그대로 읽는 것이 좋다.

수평선처럼 놓여있는 한 줄을 한 번에 읽고 이해하는 것이 중요하다.

그러나 70퍼센트 이상 이해가 안 되었다면, 마지막 다음 4단계를 반드시 해야 한다.

4단계는 평소대로 보통 읽기, 즉 정상normal 읽기다. 이 정상 읽기는 최후의 보루로 기존 전통적인 방식대로의 읽기다. 이 읽기를 통해 70퍼센트 이해가 되었다면, 다음 페이지로 넘어가면 된다. 정상 읽기는 단어를 순차적으로 읽어 나가는 가장 정통적이며 기초적인 독서 방법이다.

내용의 난이도에 따라 어떤 페이지는 3단계로 충분하고, 어떤 페이지는 4단계까지 와야 하는 경우도 있다.

Q.R.M.S. 입문 코스 4단계를 정리해보자.

Q.R.M.S. 입문 코스 단계

- 1단계 자신감 부여하기: 잠재의식과 잠재능력 깨우기
- 2단계 수직 읽기
- 3단계 수평 읽기
- 4단계 정상 읽기

단락으로 읽기(수직 읽기) → 부분 읽기(수평 읽기) → 디테일 읽기(정상 읽기, 혹은 문장 읽기)의 3단계로 나누어진다.

자신이 고급자 상위 등급이라면 이 입문 코스를 3일 동안 하루에 30분만 연습해보라. 3일 후에는 정말 몰라보게 실력이 달라진 자신을 만나게 될 것이다.

Q.R.M.S. 초급 코스 5단계

초급 코스는 독서력이 분당 9,000~10,000자로 독서 천재 등급 이상인 독서가들에게 맞는 훈련 코스다. 훈련은 항상 자신의 능력으로 최대치의 경우를 바라보고 해야 효과가 있다. 처음에는 조금 당황스러울지라도 도전하는 것이 중요하다.

너무 수준 차이가 나는 훈련법을 해서는 안 된다. 효과보다는 부작용이 더 심하고 독서의 즐거움과 본질을 망각하게 되는 우를 범할 수 있기 때문이다. 훈련과 독서법은 무엇보다 독서의 즐거움과 본질을 되찾기 위한 수단일 뿐이다. 훈련과 독서법이 주가 되어서는 절대 안 된다.

자신에게 맞는 훈련 코스를 선택하는 것이 중요한데, 그 코스가 높다고 좋은 것도 아니고, 낮다고 나쁜 것도 아니다. 어제의 나보다 향상되었다면 그것이 가장 좋은 것이다. 절대로 욕심을 내서는 안 된다.

초급 코스는 입문 코스의 1단계와 2단계 사이에 하나의 단계를 더 추가하면 된다. 추가해야 할 한 단계는 '대각선 5회 빠르게 읽기'다. 반드시 양 페이지를 활짝 펼친 상태로 왼쪽 상단에서 시작해 오른쪽 맨 하단까지 양 페이지를 가로질러 대각선으로 빠르게 읽어야 한다. 그리고 반드시 처음에는 5회를 읽어야 한다.

이때 5회 대각선 빠르게 읽기를 한 후 양 페이지에 있는 내용의 70퍼센트 이상을 이해했다면 그대로 읽어 나가면 되고, 그 이하로 이해했다면 3단계로 넘어가면 된다.

기존 독서법과 Q.R.M.S. 독서법의 가장 큰 차이 중에 하나가 이것이다.

대각선 읽기를 통해 페이지 전체 읽기 연습을 하는 것이다. 페이지 전체 읽기를 하고 다음 단계 읽기를 하면, 전체에서 부분으로 읽기의 순서가 바뀌게 된다. 기존 독서 방법은 무조건 문장(부분)을 읽는 것이었다.

물론 전체 읽기를 시도하는 독서법이 있을 수 있고, 많은 독서가가 제목과 목차, 서문, 앞표지와 뒷표지를 먼저 읽어 전체적인 맥락을 잡고 본문 읽기를 하라고 제시하기도 한다. 그러나 Q.R.M.S.는 페이지마다 전체 읽기와 부분 읽기, 디테일 읽기 이 3단계로 크게 나누어 읽으면서, 속도보다는 이해에 더 집중을 하게 한 독서법이다.

Q.R.M.S. 초급 코스 5단계를 정리해보자.

Q.R.M.S. 초급 코스 단계

- 1단계 자신감 부여하기: 잠재의식과 잠재능력 깨우기
- 2단계 대각선 읽기
- 3단계 수직 읽기
- 4단계 수평 읽기
- 5단계 정상 읽기

전체 읽기(대각선 읽기) → 단락으로 읽기(수직 읽기) → 부분 읽기(수평 읽기) → 디테일 읽기(정상 읽기, 혹은 문장 읽기)의 4단계로 나누어진다.

Q.R.M.S.
중급 코스 7단계

중급 코스는 독서력이 분당 9,000~10,000자로 상당한 실력의 독서 천재 등급 중에서도 초급 코스를 최소 1주 이상 훈련한 이들에게 맞는 훈련 코스다. 그러나 자신의 독서력이 분당 9,000자 이하라면 절대 해서는 안 되는 독서법이다. 스키 초급자에게 중급 과정을 가르치는 것과 같은 부작용이 나오기 때문이다.

코스 수준이 높다고 해서 훈련 효과도 높다고 기대해서는 안 되며 자신의 독서력에 맞게 차근차근 단계를 밟아나가는 것이 현명한 방법이다.

이 코스는 초급 코스 1단계와 2단계 사이에 두 개의 코스를 더 추가하면 된다. 추가해야 할 두 가지 코스는 이것이다.

첫 번째 단계는 '원 페이지 리딩'이다. 5초 동안 빠르게 5회 정도 원 페이지 리딩을 해보는 것이다. 말 그대로 읽어야 한다. 그래서 포토 리딩과 다르다. 수직 읽기와도 다르다.

한 번에 한 페이지 전체를 읽어야 한다. 5초 동안 5회 정도 빠르게 읽고 나서, 70퍼센트 이상 이해가 되었다면 읽던 대로 다음 페이지로 넘어간다. 그러나 이해가 부족하다면 다음 단계를 실천해야 한다.

두 번째 단계는 '반 페이지 리딩'이다. 반 페이지를 한 번에 읽는 것이다. 이것도 5초 동안 5회 정도 빠르게 읽으려고 노력한다. 이것이 안 되면 다음 단계인 대각선 읽기로 넘어가면 된다.

Q.R.M.S. 중급 코스 7단계를 정리해보면 이렇다.

Q.R.M.S. 중급 코스 단계

- 1단계 자신감 부여하기: 잠재의식과 잠재능력 깨우기
- 2단계 한 페이지 읽기
- 3단계 반 페이지 읽기
- 4단계 대각선 읽기
- 5단계 수직 읽기
- 6단계 수평 읽기
- 7단계 정상 읽기

Q.R.M.S. 고급 코스 9단계

고급 코스는 독서력이 분당 9,000~10,000자로 상당한 실력의 독서 천재 등급 중에서도 중급 코스를 최소 1주 이상 훈련한 이들에게 적합한 훈련법이다. 만약 자신의 독서력이 분당 10,000자 이하라면 따라 하지 말자.

이 코스는 중급 코스의 1단계와 2단계 사이에 두 가지 단계가 더 추가된다. 첫 번째로 추가되는 단계는 '포토 리딩'이다. 5초 동안 빨리 양 페이지를 사진photo처럼 찍는 것이다. 포토 리딩으로 즉시 70퍼센트 이상 이해하기는 어려우므로 고급 코스에서 이 단계는 말 그대로 사전 준비 작업이다.

두 번째로 추가해야 하는 단계는 '한 페이지 포토 리딩'이다. 5초 동안 왼쪽 페이지와 오른쪽 페이지를 순차적으로 포토 리딩하는 것이다. 말 그대로 사진을 찍듯이 눈으로 5초 동안 5회 찍으면 된다. 나중에 숙달이 되면 이렇게 포토 리딩하는 것의 효과를 실감하게 될 것이다.

그냥 읽어 내려가는 것과 독서하기 전에 명상이나 호흡을 통해 의식을 집중하고 난 후 독서하는 것은 집중력과 이해력, 독서력에서 큰 차이가 있다. 스티븐 D. 에이퍼트는 《전뇌 학습법》에서 수많은 연구 결과를 통해 뇌파를 일반적 상태인 베타파에서 알파파나 세타파로 바꿨을 때 운동 기술과 함께 감각 능력, 기억력, 집중력 등 전반적인 뇌의 능력이 향상된다는 사실을 보여준다. 포토 리딩이나 대각선 읽기 등을 한 후에 독서를 하는 것과, 그냥 독서를 할 때의 차이는 마치 수업 전 예습을 한 사람과 아닌 사람의 차이와 같다.

미국의 포토 리딩은 문제점과 한계점이 상당히 많다. 그러나 이 훈련법은 포토 리딩의 한계점을 대부분 해결해준다.

Q.R.M.S. 고급 코스 9단계를 정리해보자.

Q.R.M.S. 고급 코스 단계

- 1단계 자신감 부여하기: 잠재의식과 잠재능력 깨우기
- 2단계 양 페이지 포토 리딩
- 3단계 한 페이지 포토 리딩
- 4단계 한 페이지 읽기
- 5단계 반 페이지 읽기
- 6단계 대각선 읽기
- 7단계 수직 읽기
- 8단계 수평 읽기
- 9단계 정상 읽기

Q.R.M.S. 독서 천재 코스 11단계

이번에는 분당 10,000자를 두 배 이상 훌쩍 뛰어넘는 최상위 등급의 독서 천재들에게 유익한 독서 훈련법이다. 고급 코스 9단계 중에서 1단계와 2단계 사이에 마찬가지로 두 단계를 더 추가하면 된다. 추가해야 할 첫 번째 단계는 '양 페이지 초점 읽기'다. 양 페이지를 중심의 한 점을 보면서 읽는 것이다. 이것이 진정한 퀀텀 리딩이다. 이 단계에서 70퍼센트 이해를 하는 사람은 많지 않다. 그러나 속독법의 대가들 중에 한두 명은 가능할지도 모른다.

놀라운 사실은 독서혁명 프로젝트에서 이 단계가 가능한 사람이 1년에 한두 명 정도씩 배출되고 있다는 점이다.

추가해야 할 두 번째 단계는 '한 페이지 초점 읽기'다. 한 페이지의 중심에 초점을 맞추어 원 페이지 리딩을 하는 것이다.

책의 중심에 초점을 맞추라는 것이 아니다. 책을 뚫고 들어가서 30센티미터 뒤의 지점에 초점을 맞추어야 한다. 즉 책을 평면으로 생각하지 말고, 두꺼운 책이라고 생각하라. 책을 열 권 정도 동시에 잡았다고 생각하면 맨 마지막 책의 중심에 초점을 맞추라는 말이다.

Q.R.M.S. 독서 천재 코스 11단계를 정리해보면 이렇다.

Q.R.M.S. 독서 천재 코스 단계

- 1단계 자신감 부여하기: 잠재의식과 잠재능력 깨우기
- 2단계 양 페이지 초점 읽기
- 3단계 한 페이지 초점 읽기
- 4단계 양 페이지 포토 리딩
- 5단계 한 페이지 포토 리딩
- 6단계 한 페이지 읽기
- 7단계 반 페이지 읽기
- 8단계 대각선 읽기
- 9단계 수직 읽기
- 10단계 수평 읽기
- 11단계 정상 읽기

인간의 능력은 무한하다. 그러나 우리는 우리의 잠재능력을 제대로 깨우지도, 제대로 활용하지도 못하고 있다. 이 독서법은 인간의 무한 능력에 대한 도전이다. 그리고 성공한 사람들이 적지 않다.

자신감이 가장 중요하다.

원하는 것을 배로 얻는 독서를 경험하라

인생이 바뀌지 않는 독서는 한낱 자기만족에 불과하다. 이런 독서는 인생에 큰 의미를 주지 못한다. 인생이 바뀌는 독서라야, 인생에 큰 의미와 가치가 있는 독서라고 할 수 있다. 인생에 가치 있는 독서를 해야 한다. 시간을 흘려보내기 위한 독서도 나쁜 것은 아니지만, 더욱 성공하여 행복하게 잘 살기 위해 독서를 하는 사람이 더 나은 선택이 아닐까?

"엄청난 독서량으로 경쟁자를 압도할 수 있는가? 압도해본 적이 있는가?

대체 불가한 독서 내공으로 세상을 리드할 수 있는가? 남들이 하지 못한 일을 해낸 적이 있는가?

뛰어난 독서 수준으로 세상을 바꿀 수 있는 무언가를 창안하거나 만든 적이 있는가? 아니면 일벌처럼 평생 누군가가 시키는 일만 하는 인생을 살고 있는가?

탁월한 독서력으로 남들보다 앞서 갈 수 있는가? 타인을 이끌 수 있는가?

자신이 희망하는 수준의 독서량과 독서 수준을 이루었는가? 아니면 자포자기했는가?"

수많은 독서법이 있지만 인간의 시각과 뇌에 대한 기본적이고 본질적인 이해가 결여된 상태에서 수년간 검증이나 적용도 없이 개인만의 경험에 국한된 독서법을 일반화하거나, 제대로 된 훈련 스킬과 커리큘럼 없이 이론에만 치우친 반쪽짜리 무용지물 독서법은 아닌지 검증해야 한다. 많은 사람이 실제로 배우고 있는 독서법인지, 포장만 화려한 독서법은 아닌지 살펴봐야 한다.

퀀텀 독서법은 실제로 5,000명이 참여하여 배우고 삶에 적용한 실전 위주의 독서법이다. 다중감각과 초공간 읽기를 통해 뇌 가소성과 뇌 기능을 최대로 활용해서 실제로 성과를 창출하고 경험한 강력한 독서법이라고 할 수 있다.

우리의 퀀텀 리딩은 미국의 포토 리딩, 일본의 속독법과 큰 차이를 가진 독서법이다.

포토 리딩은 인간의 뇌는 선천적으로 잠재의식을 통해 정보를 처리하는 능력을 가지고 있음을 활용한다. 그러나 퀀텀 리딩은 인간의 뇌가 다중감각을 통해 무의식적으로 정보를 처리하는 능력을 가지고 있음을 활용한다.

속독법은 눈의 지각 작용을 극대화시켜 기존의 시각에 의존하는 독서를 좀 더 빠르게 할 수 있도록 가르친다. 퀀텀 리딩은 시각에 공간지각 능력을 더해 다중감각적으로 독서를 할 수 있게 하여 극대화된 뇌의 인지 작용으로 독서를 깊고 넓게 이해할 수 있게 한다.

또한 포토 리딩과 속독법의 공통점은 배우기가 힘들고 오랜 시간 동안 많은 노력과 연습을 필요로 한다는 점이다. 그에 반해 퀀텀 독서법은 단 2~3주면 된다. 결국 노력과 연습, 시간과 에너지를 가장 적게 들이면서도 원하는 것을 배로 얻을 수 있는 경제적이고 가성비가 높은 독서법이다.

지금까지는 미국의 포토 리딩과 일본의 속독법이 독서법의 대표 주자였다고 할 수 있다. 이들과 경쟁할 만큼 강력한 독서법이 많지 않았다. 특히 한국을 대표하는 독서법이 마땅치 않았다.

전 세계가 주목할 첫 번째 K-독서법인 퀀텀 독서법은 아직 시작도 하지 않았다. 아직도 많은 국민이 탁월한 성과를 창출하는 퀀텀 독서법의 존재를 알지 못하고 있기 때문이다.

우리나라가 강대국이 되고 선진국이 되기 위해서는 앞서 말했다시피 국민 개개인의 의식 수준·사고력·창조력 등과 같은 소프트웨어가 뛰어나야 한다.

국민들의 의식 수준을 단기간에 향상시킬 수 있는 유일한 방법은 독서뿐이다. 국가와 정부 차원에서도 국민의 독서력 향상을 위해 노력해야 할 것이다. 그리고 개인 차원에서 우리는 모두 자신의 삶을 늘 개척해 나가려는 자세를 가져야 한다. 그것이 니체의 말처럼 인생을 최고로 여행하는 방법이다. 자신의 삶을 개척해 나가기 위해 가장 필요한 것은 열심히 책을 읽는 일이다. 그리고 제대로 책을 읽기 위해 필요한 것은 가장 먼저 좋은 독서법을 배우고 익히는 일이다.

독서 강국이 되어 독서량이 일본, 미국, 중국보다 더 많아진다면, 우리나라가 이들 나라보다 더 나은 선진국이 될 것임을 추호도 의심하지 않는다.

"독서하는 민족에게 희망이 있다. 독서는 누구나 당장 실천할 수 있는 애국이다. 왜? 우리가 독서를 하지 않으면 후손에게 미래가 없기 때문이다. 독서를 하면 혼자 잘 먹고 잘 사는 것이 아니라 국가도 강해지기 때문이다!"

이것이 나의 소신이다. 퀀텀 독서법이 앞에 K자를 붙이고 BTS, 〈오징어게임〉, 〈기생충〉처럼 대한민국을 대표하는 K-독서법으로 나라를 위해 크게 활약할 수 있길 바란다. 이제 독서를 하자.

부록 1 | 퀀텀 리딩 핵심 스킬 13단계 측정 시트

퀀텀 독서법 측정 시트지

3가지 목표! 1. 속도 5배 향상 2. 빠르고 정확한 이해 3. 기억 및 유지

성명:

#최초 독서력 속도: 이해도: 상 중 하

	스킬명	1회	2회	평균
1주	1단계 스킬: 브레인 파워 스킬			
	2단계 스킬: 우뇌 자극 스킬			
	3단계 스킬: 시공간 자극 스킬			
	4단계 스킬: 리딩 툴스 스킬			
	스킬명	1회	2회	평균
2주	5단계 스킬: 리딩 툴스 스킬 II			
	6단계 스킬: 우뇌 자극스킬 II			
	7단계 스킬: 리버스 리딩 스킬			
	8단계 스킬: 인버트 리딩 스킬			
	스킬명	1회	2회	평균
3주	9단계 스킬: 인버트 리딩 스킬 II			
	10단계 스킬: 포커스 리딩 스킬			
	11단계 스킬: S.O.C. 리딩 스킬			
	12단계 스킬: 플래시 리딩 스킬			
	13단계 스킬: 하이퍼 퀀텀 리딩 스킬			

* 독서력 측정법: 한 줄 평균 글자 수 x 한 페이지 평균 줄 수 x 자신이 읽은 페이지 수 ÷ 5(분)

부록 2 | 퀀텀 독서법 3주차 훈련 퀵 스타트 가이드

1주차

1단계. 브레인 파워 스킬(집중력 = 의식 혁명 리딩)

· 3분 의식 혁명(독서천재인 나의 모습 의식) 후 5분 읽기

2단계. 우뇌 자극 스킬(시야 확장, 기억력, 암기력)

· 왼쪽 눈으로만 읽기

3단계. 시공간 자극 스킬(우뇌 반응, 자극, 흥분)

· 45도 또는 90도로 읽기

4단계. 리딩 툴스 스킬(안구 회귀, 속도)

· 리딩 툴스를 빠르게 내리며 툴스 앞 줄을 빠르게 읽기

2주차

5단계. 리딩 툴스 스킬 II –응용편(안구 회귀, 속도)

· 리딩 툴스를 빠르게 내리며 툴스 뒷 줄을 빠르게 읽기

6단계. 우뇌 자극 스킬 II –응용편(시야 확장, 기억력, 사고력)

· 왼쪽 눈으로만 읽기 + 45도 기울여서 읽는 시공간 자극 스킬

7단계. 리버스 리딩 스킬(독서 습득력, 인지력, 이해력)

· 책을 그대로 잡고, 오른쪽 마지막 줄부터 반대로 읽기

· 한 줄 혹은 두세 줄 이상 통으로 읽으려고 노력. 최대한 빠르게, 최대한 이해하려고 노력

8단계. 인버트 리딩 스킬(독서 습득력, 인지력, 이해력)

· 책을 거꾸로 든 상태(180도)로 오른쪽 마지막 줄부터 반대로 읽기

· 한 줄 혹은 두세 줄 이상 통으로 읽으려고 노력. 최대한 빠르게, 최대한 이해하려고 노력

3주차

9단계. 인버트 리딩 스킬 II -응용편(독서 습득력, 인지력, 이해력, 속도, 이해력 향상)

· 책을 거꾸로 든 상태(180도)로 읽기 + 우뇌 자극 스킬

10단계. 포커스 리딩 스킬(독서 습득력, 인지력, 이해력, 집중력 향상, 시야 확장)

· 책의 정중앙만 뚫어지게 보고 집중하면서 10초 동안 한 페이지 읽기

· 차츰 5초, 3초로 시간을 줄여가면서 훈련

11단계. S.O.C. 리딩 스킬(우뇌 반응, 자극, 흥분, 시야 확장)

· '90도-180도-270도-정상 읽기' 사이클로 5분마다 다양한 각도로 책을 돌려가며 읽기

12단계. 플래시 리딩 스킬(난이도 중상, 시야 확장)

· 3줄, 5줄, 7줄을 플래시처럼 보고 이해하고 넘어가면서 읽기

· 기존의 SUN 3.5.7 리딩 스킬과 비슷하지만, 좀 더 플래시처럼 빠르게 보고, 이해하고, 넘어가기를 동시에 순간적으로 해야 하는 고강도 훈련

· 최고 난이도의 훈련 스킬

13단계. 하이퍼 퀀텀 리딩 스킬(독서력 점프, 뇌 자극)

· 한 페이지를 기준으로 빠르게 포커스 리딩 후 플래시 리딩을 하면서 읽기

· 한 페이지를 두 번 읽는 셈이므로 이해력과 속도, 두 가지 모두 향상되는 스킬

부록 3 | 퀀텀 리딩 훈련법 요령

퀀텀 리딩 시각 훈련

1. 책을 눈으로부터 최대한 멀리 둔다.
2. 책 뒤 2~3미터 거리의 물건에 초점을 둔다.
3. 그 상태로 책의 상단 문장을 읽으려 노력한다.
4. 5회 이상 반복해서 읽으려고 노력한다.
5. 주변 시야로 보고 읽으려 노력한다.

퀀텀 리딩 호흡 훈련

1. 뇌의 호흡을 의식한다.
2. 뇌를 직접 자극하고 상상한다.
3. 우뇌를 만지고 촉감을 느낀다.
4. 좌뇌를 만지고 촉감을 느낀다.
5. 양 뇌를 만지고 냄새 맡고 느낀다.
6. 5회 반복한다.

퀀텀 리딩 자극 훈련

1. 빠른 속도로 책 읽는 모습을 상상한다.
2. 더 빠른 속도로 책 읽는 모습을 상상한다.
3. 이것보다 10배 정도 더 빠른 속도로 책 읽는 모습을 생생하게 상상한다.

부록 4 | 원 페이지 리딩 수강생 노하우 분석 결과

(2~3주 만에 독서력 평균 10~20배 이상, 독서력이 1만 자 이상 돌파한 독서자로 선정)

◆ 공통점

0. 퀀텀 독서법을 배우고 훈련

2~3주라는 단기간에 독서력이 10배에서 20배 이상 퀀텀 점프할 수 있게 된 가장 중요한 요인은 퀀텀 독서법이었다. 퀀텀 독서법과 같은 강력하고 효과적인 훈련 방법과 독서 스킬을 배울 수 있었기 때문.

1. 믿음의 힘이 강력

퀀텀 리딩을 할 수 있다는 믿음, 자기 확신이 강함.

자기 능력을 절대 의심하지 않음. 의심이 발목 잡는다는 걸 알고 있음.

2. 훈련의 핵심을 정확히 파악

기존 독서와 훈련 독서를 구분함 → 기존의 이해 방식을 버림.

눈이 아닌 뇌로 독서한다는 걸 이해함.

이해가 아닌 속도에 집중. (초반 성과는 여기서 결정)

3. 훈련을 고된 과정으로 생각하지 않음

훈련을 즐기면서 많이 함.

4. 훈련 시간 60분 이상

대부분 평균 60분 이상 훈련.

5. 독서에 진심

대부분 장기간 책을 읽던 사람들이었으며, 독서에 대한 열망 강함.

6. 자주 하는 훈련: 가장 강력한 훈련 스킬

첫째, 브레인 파워 리딩 스킬 – 믿음의 힘을 알고 있음

둘째, 우뇌 자극 스킬 – 속도

셋째, 인버트 리딩 스킬 – 이해

◆ 분석 결과 요약

하나, 2~3주 만에 독서력이 1만 자 이상 돌파하기 위해서는 퀀텀 독서법과 같은 강력한 스킬과 체계적인 훈련법이 꼭 필요함.

둘, 강력한 스킬, 효과적인 훈련법과 함께 수강생들의 의식, 마인드, 생각, 자세, 태도, 믿음도 매우 중요함.

- 성공학에서도 항상 하는 말인 '먼저 부자가 되어라. 그리고 부자처럼 생각하고, 행동하라'가 정확히 접목된다. 이미 자신은 퀀텀 리더, 원 페이지 리더라는 걸 확신하고 인식하며, 믿음의 힘을 의심하지 마라.

셋, 훈련과 독서를 별개로 함. 훈련은 속도 향상, 이해력 향상을 위한 훈련 과정, 연습 과정으로 인식해야 함. 훈련과 독서를 별개로 해야, 훈련 시 자신의 최고 수준을 뛰어넘어 과감하게 훈련을 할 수 있기 때문으로 보임.

- 김연아 선수가 피겨를 하기 위해 평상시 스쿼트 훈련을 자주 하는 것처럼, 훈련과 평상시 독서가 다른 행위라는 걸 인식해야 한다.

넷, 퀀텀 독서법의 원리를 확실하게 제대로 이해한 사람들임. 기존 이해 중심의 독서, 순차적 독서를 버리고, 새로운 개념의 통합적 · 초공간적 뇌로 읽는 독서를 이해하고 추구함.

- 눈으로 읽었던 기존 독서에서 과감하게 탈피하여, 뇌로 독서한다는 것을 온몸으로 느껴라. 눈으로 읽고 뇌로 이해하는 여러 단계의 기존 독서에서 벗어나 초월하여, 뇌로 읽고 뇌로 이해하는 심플한 독서 방법을 몸이 체득해야 한다. 바로 이 과정에서 성패가 갈린다.

◆ 결론

2~3주 단기간에 독서력이 10배에서 20배 이상 도약하여 독서 고수, 독서 천재

가 된 이들은 모두 강력한 스킬, 효과적인 훈련법인 퀀텀 독서법 수업에 참여했다. 자신은 반드시 원 페이지 리더가 될 수 있다는 강한 자신감과 믿음, 확신을 가졌고, 눈으로 하는 독서가 아닌 뇌로 바로 읽고 이해하는 뇌 독서의 방법을 온몸으로 체득한 이들이었다. 또한 훈련과 독서를 별개로 인식하고, 자신을 뛰어넘어 마음껏 훈련을 할 수 있던 이들이었으며, 무엇보다 가장 강력한 퀀텀 독서법 스킬인 브레인 파워, 우뇌 자극, 인버트 리딩을 가장 자주 훈련해왔다.

"독서 고수, 독서 천재로 도약한 많은 분의 후기를 보고 나니 모두 비슷하다는 느낌을 받았습니다. 그 말은 독서에 왕도가 있다는 말과 함께 독서법 훈련에도 왕도가 있다는 말입니다. 독서도, 독서법도 왕도가 있습니다."

2~3주 만에 독서력 10~20배 도약하기 위한 요건 5가지

1. 강력한 훈련법과 독서 스킬인 퀀텀 독서법
2. 원 페이지 리더가 될 수 있다는 강한 믿음과 확신
3. 기존 독서 방식에서 과감하게 벗어나 뇌로 하는 독서를 체득
4. 훈련과 독서를 별개로 나누어, 훈련할 때 좀 더 과감하게 자신을 뛰어넘어 즐기며 훈련
5. 15가지 이상 스킬 중 유독 3가지, 브레인 파워 + 우뇌 자극 + 인버트 리딩을 공략

이 책은 내가 10년 동안 운영해온 '독서혁명 프로젝트'의 결과물이다. 퀀텀 독서법 수업은 3주 혹은 4주 과정으로 독서법에 대한 이론과 실습을 병행하는 과정이다.

이 수업의 작은 기적은 단 3주 훈련으로, 독서력을 무려 3배에서 333배까지 향상시켰다는 점이다. 물론 참여 인원 모두 다 100퍼센트 성공한 것은 아니나 80퍼센트 이상의 참여자들이 성공했다.

실제로 카페 게시판에 올라온 글을 몇 개 소개해본다.

◆ 평일반 55기 OOO님

훈련 3주를 마치고 지금 1분에 1만 자를 읽고 집에 있는 모든 책을 읽게 되었어요. 단지 독서 속도가 올라간 것뿐인데 제 안에 환희와 감동 그 자체였습니다.

첫 한 줄을 통으로 읽게 되었을 때, 도서관에는 이제 나의 멘토들이 있다. 나의 멘토가 이제 적어도 2만 명 이상 생겼다는 기쁨에 젖었습니다.

퀀텀 독서법 책을 읽고 좌절하신 분들, 포기하지 마세요.

제 나이 28살에 이 귀한 독서 능력을 얻게 해주셔서 감사합니다.

앞으로 삶이 기대되고 뭐든 배울 수 있다는 생각을 얻게 해주셔서 감사합니다.

제 안에 있는 놀라운 능력을 끌어내주셔서 감사합니다.

이제 퀀텀의 맛을 봤다고 생각합니다. 원 페이지 리딩과 초서 독서 목적지까지 전념할 것입니다. 김병완 작가님 감사합니다.

◆ 평일반 68기 OOO님

훈련하면서 처음엔 읽기는 하나 이해가 잘 안되었습니다. 생각해보니 그럴 수밖에 없는 이유가 그동안 느린 독서에 뇌가 적응하여 주변시야로 리딩하는 것은 처음이라 뇌가 적응을 못 한 것이라는 생각이 들었습니다. 그래서 작가님이 계속 강조한 대로 조급해하지 않고 꾸준히 훈련했습니다.

저의 목표는 우선 한 줄 리딩이었습니다. 옛날에는 꽤 책을 읽었는데 이제는 1년에 책을 읽어봐야 많으면 3권 읽는 나 자신을 알기에 욕심 내지 않았습니다. 연습하면서 느낀 점은 2가지 중요한 포인트가 이거라는 생각이 들더군요.

1. 책을 읽는다는 기존 관념에서 벗어나 책을 본다. 그리고 뇌로 이해(사고)한다.
2. 그동안 잘 사용하지 않던 주변 시야로 보는 것과 뇌에 부하를 많이 주어 리딩해야 한다는 것.

훈련하다 보니 한 줄이 보이기 시작했고, 훈련을 거듭할수록 점점 고도의 집중력이 생기더군요. 몰입도는 점점 급상승되었고 다른 분들의 고민처럼 속발음은 없어지게 되었고요. 또 보너스로 독서 시 졸음이 사라지게 되네요.

퀀텀 리딩을 알게 되니 주변의 책들이 다 만만하게 보이기 시작했습니다. 얼마 전에 교육세미나 들으며 읽고 싶은 책이 있었는데 무려 912페이지입니다. 두께가 백과사전처럼 어마어마하죠. 책을 다 읽은 건 아니고 필요한 부분만 읽었지만, 전에는 이런 두꺼운 책을 보면 겁부터 먹었으나 이제는 만만한 놈으로 보입니다.

◆ 평일반 74기 OOO님

책을 더 많이, 더 빨리 읽기를 원하는 것은 독서를 좋아하는 분들의 공통된 소망이 아닐까 싶습니다. 저도 그런 마음으로 시작했습니다. 그렇게 1주 차 수업이 시작되고, 갑자기 빠른 독서를 하려니 눈이 팽팽, 머리가 띵, 그런데 이해는 되지 않으니 처음엔 이게 뭐지? 했습니다. 그래도 믿고 쭉 따라 했습니다. 2주 차에 이해도를 올리는 훈련을 한다고 하셨으니까요. 이때가 대략 700에서 2,000 초반까지 속도 3배 정도 올랐습니다.
그 후, 2주 차 훈련법을 배우고 하루하루 훈련을 진행하는데, 진짜 놀라웠습니다. 그 속도 그대로 이해력이 쭉~ 올라옵니다. 그래서 속도를 좀 더 높여 봤습니다. 1주 차 느낌이 납니다. 그렇게 최고 3,300 정도까지 올라왔습니다. 2,000~2,500으로 읽으면 70~80% 이해가 되고 1주 차 때는 어지러웠는데 정말 편해졌습니다. 특히 브레인과 인버트 훈련은 최고였던 것 같습니다. 브레인은 뇌를 그대로 편안한 상태로 만들어주었고 인버트는 뇌를 괴롭히며 다그쳤다가 상대적으로 편안하게 느껴지게 해주었습니다. 마치 당근과 채찍처럼 말이죠. 계속해서 어떻게 진행할지 대략 계획도 짜 두었습니다. 앞으로 얼마나 더 성장하게 될지 두근거립니다. 이렇게 최강 독서법 하나를 터득하고 나니 마음이 참 든든합니다. 정말 강한 독서 무기 하나를 장착한 기분이에요.

◆ 평일반 75기 OOO님

1주 차, 2주 차, 3주 차 훈련을 모두 착실히 진행했습니다. 특별한 비법이 있는 것은 아니었습니다. 최소 1시간씩 훈련하면서 조금씩 훈련 시간을 늘려갔습니다. 현재는 한번에 300분 정도의 시간으로 훈련을 진행하고 있습니다. 제가 했던 세부적인 훈련법은 이렇습니다.

1. 훈련 전에 30~60분 걷기, 가벼운 러닝을 해서 몸 전체의 근육에 부드러운 자극을 줍니다.
2. 훈련 직전에 3~5분 이미지 트레이닝을 합니다. 눈을 감아도 되고 감지 않아도 괜찮습니다. 빠르게 책을 읽어나가는 자신을 이미지화합니다. 이미 나는 달성했다는 과거형 이미지를 떠올립니다.
3. 저는 우뇌 자극 10분, 인버트 10분을 한 셋트로 훈련합니다.
4. 훈련 시 종이에 인쇄된 활자를 읽는다(reading)는 생각보다는 책의 내용을 이미지(image)화시켜서 뇌로 전송(transmit)한다는 생각을 합니다.

5. 훈련 시 빠르게 책장을 넘기게 되는데 이때 정신을 집중해야 합니다. 온몸의 근육과 에너지를 뇌로 보내준다고 이미지화합니다.
6. 훈련할 때 뇌의 리듬을 타면서 진행하면 더욱 성과가 좋습니다. 훈련 중에 뇌가 호흡을 하는 순간이 있는데 호흡을 따라 훈련합니다.
7. 훈련이 끝나면 머리, 어깨, 등, 가슴, 심장에서 따듯하고 기분 좋은 느낌의 에너지가 순환하는 것이 느껴집니다.

훈련은 꾸준히 진행할 예정입니다. 모든 분들의 훈련 성과가 향상되기를 바랍니다.

◆ 주말반 129기 OOO님

논술 교사이고 읽고 싶은 책은 많은데, 책 읽기가 느려서 신청했습니다. 독서에 어려움을 겪는 회원이 대다수라 저는 열심히 제게 퀀텀 독서법을 실험해봤어요. 매일 4시간 정도 훈련해봤고요. 1주 차 우뇌 자극 스킬은 제게 힘들었어요. 왼쪽 눈으로만 독서하는데 힘은 들지만 시야가 확장되면서 본문이 넓게 들어오더라고요. 한 번에 5줄 이상 읽혔던 거 같아요. 아주 가끔은 몰입이 확 되면서 내용 이해까지 순간적으로 되는 느낌을 받기도 했어요. 그러다 다시 속도도 느려지고 내용 이해도 줄고. 다시 여러 번 훈련하면 그런 현상이 반복되기도 하고. 조금 신기했어요.

아직은 가끔 예전처럼 읽고자 하는 관성도 제법 많이 남아 있어요. 가로로 천천히 읽는 거 말이지요.

퀀텀 독서법을 꾸준히 훈련해서 독서 체질을 확실히 바꾸어야겠다는 생각이 들고요.

저는 아직 저한테 일어나는 현상을 거의 이해 못해요. 그래서 계속 훈련하고 궁금한 점을 올리도록 하겠습니다. 깊은 감사를 드립니다!

◆ **주말반 132기 OOO님**

감사합니다. 덕택에 두뇌가 풀 가동되는 느낌입니다.^^
책 욕심이 많아서 작가님처럼 1만 권을 읽는 것이 인생의 숙제였는데, 꾸준히 연습하면 가능할 것 같습니다. 지금은 속도가 나오다가도 일본어나 중국어 원서를 읽으면 다시 이해하려고 하는 습성 때문인지 속도가 들쑥날쑥합니다만, 수업 중에 배운 내용 중 나한테 맞는 방법을 찾으려고 노력 중입니다.
독서법을 알고 있는 지금, 앞으로 계속 읽을 많은 책을 생각하니 설렙니다. 이제 아무리 두꺼운 책도 스트레스나 거부반응이 없습니다.^^
제가 가장 감사한 부분은, 책 쓰기와 독서법 둘 다 열심히 해서 그런지 두뇌가 풀 가동되는 느낌입니다. 학창 시절 때 이렇게 공부 못한 것이 아쉽습니다. 나폴레옹의 "내 사전에 불가능은 없다"라는 느낌을 조금 알 것 같습니다~
독서법을 이제 배운 것이 후회됩니다만, 앞으로 살아갈 날이 많다는 것으로 위로합니다.^^ 이 모두가 김병완 선생님 덕택입니다. 인생에서 흥분되는 일이 최근 몇 년 동안 거의 없었는데, 이번에 익힌 '책 쓰기'와 '독서법', 이 두 가지 무기가 생겨서 앞으로 나의 인생에서 일어날 일들이 더욱 흥분됩니다. 크게 성공해서 꼭 찾아뵙겠습니다. 감사합니다!

◆ **주말반 135기 OOO님**

이런 고민을 했었습니다. 인터넷 미디어 발달로 하루에 방대한 양의 정보가 쏟아지는 이 시대에 이 많은 정보에 대응하려면 독서의 속도도 올라가야 하는데 바쁜 생업과 느린 독서력으로는 어림없고, 어떻게 하면 많은 정보를 빨리 보든지 한꺼번에 보든지 해서 버릴 건 버리고 얻을 건 얻을 수 있을까.
퀀텀 독서법이 그 대안 중의 하나가 아닐까 생각합니다. 그리고 미래에는 더하지만 이제는 평생학습이 되어야 한다고 합니다. 지식의 업그레이드 주기가 빨라졌다는 말인데 왜냐하면 지금 배운 지식이 몇 년도 지나지 않아 쓸모없어질 수 있기에 계속 새로운 지식을 습득해야 경쟁력 있게 살아갈 수 있다고 합니다. 이런 말이 있더군요. 지금 배우는 지식의 82%는 수년 후에 필요 없을지도 모른다. 인공지능이 대신할 것이기에.
다른 더 좋은 독서법도 있을 수 있겠지만 퀀텀 독서법은 필수적으로 익혀둬야 할 독서법이라고 평가하고 싶습니다.

◆ 주말반 142기 OOO님

저는 중국에서 태어난 교포입니다. 한국에 온 지 3년 정도 되었는데 아직 한국어가 많이 서툴고 어휘 구사 능력도 낮은 편이라 고민이 많았습니다. 책을 빨리 읽고 많이 읽고 싶었는데 독서력이 너무 낮아서 매우 힘들었습니다. 처음에는 분당 독서력이 500도 겨우 됐었는데 지금은 2주 만에 거의 4,000 가까이 되었습니다. 너무너무 기쁘고 작가님처럼 매일 도서관 가서 책을 읽고 싶네요. 앞으로 계속해서 훈련하고 도전하겠습니다. 좀 더 집중하고 몰입하면서요. 작가님 너무 값지고 뜻깊은 시간을 만들어주셔서 감사드립니다.

◆ 주말반 142기 OOO님

솔직히 왼쪽 시력이 너무 안 좋아 교육받기 전 걱정을 많이 했습니다. 우뇌 독서는 왼쪽 눈으로 독서한다고 해서요. 그래서 5,000자 정도가 목표였고, 우뇌 자극 스킬 연습할 때는 자세히 보려고 책을 얼굴에 붙여서 하였습니다. 머리 뒤쪽이 뭔가 당겨지는 느낌에 적응하는 데 10일 정도 걸렸습니다. 이 스킬은 속도와 집중력을 올리는 데 무척 도움이 되었습니다. 시공간 자극과 인버트 리딩으로는 갑자기 글자가 1.2배 이상 크게 보임을 경험했고요. 브레인 파워 리딩은 처음 연습하기 전 단어 읽기, 문장 읽기, 1줄, 3줄, 5줄 읽기, 반 페이지 리딩, 원 페이지 리딩, 양 페이지 리딩 순으로 명상하니 읽는 속도가 무척 빨라졌습니다. 이 훈련에는 마음을 안정시키는 무념의 연습과 피아노 명상 음악이 큰 도움이 되었습니다.
항상 속발음 때문에 1권 독서할 때 4~6시간은 걸렸는데 퀀텀 독서법으로 제가 원하는 만큼 책을 볼 수 있게 되어 감사할 따름입니다. 독서하더라도 슬럼프가 오면 며칠 쉬고 또 독서하면 됩니다. 정말 감사합니다.

◆ 주말반 144기 OOO님

책을 읽고 싶고, 책이 나에게 도움이 될 것이라는 생각은 항상 갖고 있었습니다. 하지만 책을 읽으려면 어찌나 무거운지 책장을 넘기는 게 너무 버겁고 읽기보단 읽을 분량이 얼마나 남았는지 확인하는 일이 더 많았습니다.
평생 제대로 읽은 책이 있었나 싶을 정도로 독서량이 없었고, 최근 3년 동안엔 1권의 책을 읽으려고 준비했으나 그마저도 앞쪽 몇 페이지만 읽고 덮어두고 있었습니다. 책은 읽고 싶은데 읽히지 않는 답답함에 '난 왜 이러지' 자책하고 '뭐가 잘못된 걸까', '책을 재밌게 읽고 싶다', '책을 좋아하는 사람이 되고 싶다', 그리고 '책이 나를 변화시켜줬으면 좋겠다'라는 기대를 갖고 알아보던 차에 퀀텀 독서법을 알게 되었습니다.
제대로 읽은 책도 없었지만 읽은 책이 몇 권이라고 말할 수 없을 정도로 독서가 힘들었던 제가 강의 기간 5권 이상의 책을 여러 번 반복까지 할 수 있었고, 무엇보다 책장을 넘기는 게 너무 쉬웠고, 책 분량에 대한 부담감도 없어지고, 책에 대한 관심이나 흥미가 생기는 걸 느끼면서 큰 변화와 만족감을 얻었습니다.
유튜브 영상을 2배속으로 듣는 게 너무 편해졌고, 길치이면서 운전 중 이정표를 보는 게 오래 걸려서 불편했었지만 이제 편해지고 빨라지면서 운전에 여유도 생겼습니다.
퀀텀 독서법을 수강하면서 독서에 대한 저의 마음가짐이나 자세뿐만 아니라 생활면에서도 변화를 느끼며 신뢰도 생겼습니다. 나를 변화시키고 지금의 인생보다 앞으로 남은 나의 인생이 나아지기를 원한다면 변화를 선택하세요. 경험의 차이, 선택의 차이 분명히 있습니다. 변화를 위한 제 선택을 응원합니다.

하루 30분 3주면 된다!

1시간에 1권 퀀텀 독서법(개정판)

1판 1쇄 발행 2022년 10월 19일
1판 3쇄 발행 2023년 8월 4일

지은이 김병완
펴낸이 고병욱

기획편집실장 윤현주 **책임편집** 장지연 **기획편집** 유나경 조은서
마케팅 이일권 함석영 김재욱 복다은 임지현
디자인 공희 진미나 백은주 **제작** 김기창 **관리** 주동은 **총무** 노재경 송민진

펴낸곳 청림출판(주)
등록 제1989-000026호

본사 06048 서울시 강남구 도산대로 38길 11 청림출판(주) (논현동 63)
제2사옥 10881 경기도 파주시 회동길 173 청림아트스페이스 (문발동 518-6)
전화 02-546-4341 **팩스** 02-546-8053
홈페이지 www.chungrim.com
이메일 cr1@chungrim.com
블로그 blog.naver.com/chungrimpub
페이스북 www.facebook.com/chungrimpub

ISBN 978-89-352-1392-4 (03320)